Der Mond scheint auf alle Türen

Thomas Cleary (Hrsg.)

Der Mond scheint auf alle Türen

Zen-Aphorismen großer Meister über die Kunst des Lebens aus innerer Freiheit

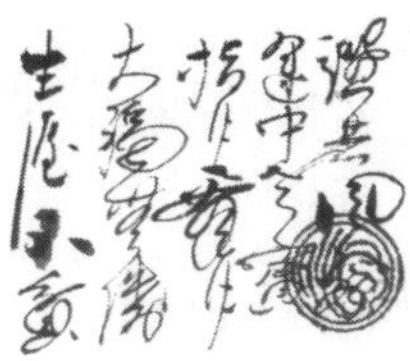

O. W. Barth

1. Auflage 1992
Einzig berechtigte Übersetzung aus dem Amerikanischen von Jochen Eggert.

Titel der Originalausgabe: «Zen Essence».
Published by arrangement with Shambhala Publications, Inc., P. O. Box 308, Boston, MA 02117.

Inhalt

Vorwort

Zen ist die Essenz des Buddhismus, Freiheit ist die Essenz des Zen.

Im Grunde geht es im Zen einzig und allein darum, das verborgene Potential des menschlichen Geistes freizusetzen. Der chinesische Zen-Meister Ying-an sagte: «Das Zen-Leben ist der kürzeste Weg; er erfordert nicht den geringsten Kraftaufwand, um Erleuchtung zu erlangen und Zen unmittelbar da zu verwirklichen, wo du bist.»

Die Freiheit, die das Anliegen des Zen darstellt, ist nicht in weiter Ferne, sondern hier in dieser Welt zu finden. Sie bedarf keiner ihr selbst fremden Maßnahmen, sondern kann inmitten unserer normalen Beschäftigungen und Verrichtungen ins Werk gesetzt werden. Sie ist unmittelbar anwendbar und entwickelt sich natürlich. Dahui, ein anderer großer chinesischer Meister, sagte: «Um die Zen-Erleuchtung zu erlangen, brauchst du nicht deine Familie aufzugeben, deine Arbeit zu verlassen, Vegetarier zu werden, Askese zu üben oder in die Einsamkeit zu fliehen.»

Doch wenn die Zen-Freiheit auch *in* der Welt ist und wirkt, so ist sie doch letztlich nicht *von* der Welt, also nicht jener Freiheit zu vergleichen, die von einem gesellschaftlichen oder politischen System eingeräumt und garantiert wird. Im Zen würde man sagen: Freiheit, die von Dingen der Welt abhängt, kann untergraben werden, und Freiheit, die gewährt wird, kann genommen werden. Die im Zen angestrebte Freiheit, die nicht untergraben oder weggenommen werden kann, muß sich von innen her entwickeln; es liegt in ihrer Natur, daß sie nicht von außen her ins Bewußtsein gelangen kann.

Verwirklicht wird die Zen-Freiheit durch eine besondere Erkenntnis, die zu den Wurzeln der Erfahrung vordringt. Sie befreit den Geist von Beschränkungen, die ihm durch Konditionierung auferlegt werden, und erweckt so die schlummernden Möglichkeiten des Bewußtseins. Dahui erklärt:

> Der Bereich der Erleuchteten ist kein äußerer Bereich mit sichtbaren Zügen; Buddhaschaft ist der Bereich des Höchsten Wissens, das man in sich selbst findet. Du brauchst kein Rüstzeug, keine Praktiken und keine Erkenntnisse, um ihn zu erlangen. Du brauchst dazu nur den Einfluß der mit der Außenwelt zusammenhängenden Gemütsleiden zu bereinigen, die sich seit anfangloser Zeit in deinem Gemüt ansammeln.

Zen klärt den Geist, so daß er seines eigenen wahren Wesens innewerden kann; in diesem Innesein der wesenhaften Reinheit des Geistes bleibt man ohne besonderes Zutun in allen Lebenslagen ausgeglichen und frei und kann von dort aus die tägliche Erfahrung läutern. Der japanische Zen-Meister Bu'nan sagt:

Die Menschen meinen, es sei schwierig, das wahre Wesen des Menschen zu erfassen, doch in Wirklichkeit ist es weder schwierig noch einfach. Nichts kann diesem wahren Wesen anhaften. Es kommt darauf an, empfänglich zu sein für richtig und falsch, und doch frei von richtig und falsch zu bleiben, inmitten der Leidenschaften zu leben und doch von ihnen frei zu sein, zu sehen, ohne zu sehen, zu hören, ohne zu hören, zu handeln, ohne zu handeln, zu suchen, ohne zu suchen.

Erleuchtete Zen-Freiheit, in der Welt und doch nicht von der Welt sein – dafür kennt die Tradition das Bild des Lotos, der im Schlamm wurzelt und über dem Wasser blüht. Es ist kein negatives Sich-Abkehren gemeint, sondern ein Gleichgewichtszustand von Unabhängigkeit und Offenheit. Diese Freiheit wird nicht durch formale Anstrengungen verwirklicht, sondern durch unmittelbare Erfahrung, in der das Wesen des menschlichen Geistes sich offenbart und entfaltet.

Das Paradoxe der Zen-Freiheit besteht darin, daß sie immer schon gegenwärtig und greifbar nah ist, sich aber doch irgendwie entzieht, sobald sie bewußt gesucht wird. Sie kommt aber dem entgegen, was Bu'nan «Suchen, ohne zu suchen» nennt. Yingan hat es so ausgedrückt: «Im Zen gibt es nichts, was man ergreifen könnte. Wenn Menschen, die sich im Zen schulen, es nicht sehen, so liegt es daran, daß sie zu ungeduldig drauflosstürmen.»

Deshalb sind klassische Zen-Bücher keine Leitfäden der Lehre und des Rituals, denen man folgen könnte wie einem systematischen Schulungsprogramm, das einen jeden Schritt für Schritt zum innersten Heiligtum führt. Sie wollen uns nicht Ideen und Überzeugungen eintrichtern, sondern schlafende Dimensionen des Bewußtseins wecken.

Seit dem Verschwinden der ursprünglichen Schulen sind zahlreiche Systeme der Zen-Schulung entwickelt worden, doch keines ist endgültig, und keines bleibt für immer bestehen. Dies liegt in der Natur des Zen, denn es spricht die Erfahrung jedes einzelnen und jeder Zeit an. Und es trifft auch für andere buddhistische Schulen zu, wie wir ihren Schriften entnehmen können. Meister Dahui sagt: «Wenn du glaubst, es gebe bestimmte sprachliche Formeln, die als besondere Geheimnisse übermittelt werden, so ist das kein echtes Zen.»

Zen erschließt dem Bewußtsein im rationalen wie im intuitiven Sinne neue Dimensionen, indem es das Denken vertieft und schärft und eine besondere Art der Einsicht oder des Wissens heranbildet, die subtiler ist als das Denken. Diese Zen-«Bildung» braucht aber ihren ganz eigenen Ansatz, denn es gilt seit jeher der Grundsatz, daß diese Art der geistigen Entwicklung weder gegeben noch von außen empfangen werden kann.

Die Essenz des Zen-Ansatzes erscheint trügerisch simpel, wenn wir etwa die Worte des chinesischen Meisters Yuanwu betrachten: «Lege alle Sprüche beiseite, die du gelernt hast, und alle intellektuellen Anschauungen, die deinem Fleisch anhaften.» Zen ist die Essenz des Geistes, aber nur da, wo es ganz frisch ist; wo es Idee geworden ist, da ist die Essenz schon aus dem Blick geraten. Für das Zen besitzen Schriften nur als unmittelbarer Anstoß einen Sinn, nicht aber als Ideologie.

Es liegt in der Natur des Zen, daß seine Essenz weder dem Osten noch dem Westen gehört. Die alten Meister haben immer wieder gesagt, daß diese Essenz keiner bestimmten Kultur oder Philosophie zu eigen sein kann – und schon gar nicht bestimmten Gruppierungen oder gesellschaftlichen Klassen. Ein Zen-Dichter merkt dazu an: «Auf wessen Tür scheint der Mond nicht?» Die Essenz des Zen ist Ursprung, nicht Produkt der Idee, und das unterscheidet sie von aller abgeleiteten Philosophie, Religion, Kunst und Wissenschaft.

Es gibt viele Zugänge zum Zen und noch mehr Möglichkeiten, die sich durch das Zen erschließen. Dieses Buch ist eine Sammlung von Aussprüchen der größten Zen-Meister des alten China, und sie geben uns darin Hinweise, wie diese Essenz des Zen zu erfahren und zu leben ist. Aus den chinesischen Originalwerken übersetzt, stellen diese Hinweise wohl die offenste und direkteste Form der Unterweisung dar, die wir in der gesamten Zen-Literatur finden können. Sie bilden keine religiöse Philosophie, sondern eine praktische Psychologie der Befreiung.

Diese Art der Zen-Literatur ist seit Jahrhunderten zugänglich und jedem erreichbar. Sie bedarf keiner Vertrautheit mit dem Zen-Buddhismus und keines vorbereitenden Studiums der asiatischen Kultur. Sie hat einen direkten Bezug zu der Beziehung zwischen Geist und Kultur, welche Kultur das auch sein mag.

Deshalb bezieht sie sich unmittelbar auf die Welterfahrung und das Leben selbst, wo auch immer man sich befinden mag. Dies ist die Universalität des Zen, die Essenz des Zen.

Zu den Quellen

Die hier vorgelegten Übersetzungen stammen aus den Sammlungen, die der Zen-Abteilung des chinesischen Kanons buddhistischer Schriften eingegliedert sind. Die zitierten Meister lebten zwischen dem achten und vierzehnten Jahrhundert. Weitere Unterweisungen mancher dieser Meister, vor allem der früheren, finden wir in der berühmten Sammlung «Niederschrift von der Smaragdenen Felswand.» Die Kommentare in diesem Klassiker des Zen stammen von Meister Yuanwu, der auch in den Übersetzungen des vorliegenden Bandes eine hervorragende Rolle spielt.

Meister Mazu

Das gewöhnliche Bewußtsein

Der Weg bedarf keiner Übung – sieh nur zu, daß du ihn nicht beschmutzt.

Was ist Beschmutzung? Einen schwankenden Geist zu haben, der künstliche Maßnahmen und Kniffe erklügelt, das ist Beschmutzung.

Willst du den Weg direkt erfassen, so ist das gewöhnliche Bewußtsein der Weg.

Das gewöhnliche Bewußtsein – damit meine ich den Geist, der ohne Künstlichkeit ist, ohne ichbezogenes Urteil, ohne Anhaften und Zurückweisen.

Die Wurzel von Geburt und Tod

Die Patriarchen des Zen haben gesagt, daß unser wahres Wesen in sich selbst vollständig ist. Halte dich einfach nicht beim Abwägen von Gut und Böse auf, das nennt man die Übung des Weges. Nach «gut» greifen und «böse» zurückweisen, die Leere betrachten und in die Versunkenheit eintreten – das alles ist der Bereich der ausgedachten Maßnahmen, und wenn du weiter so nach äußeren Dingen suchst, entfernst du dich nur immer weiter.

Hör einfach auf, die Welt in deinem Geist zum Gegenstand zu machen. Ein einziger Gedanke des schweifenden Geistes ist die Wurzel von Geburt und Tod in der Welt. Fasse einfach keinen einzigen Gedanken, und die Wurzel von Geburt und Tod wird ausgerottet sein.

Grenzenlose Betrachtung

Äonen menschlicher Verblendung, Falschheit, Überheblichkeit, Verschlagenheit und Selbstgefälligkeit haben sich zu einem Körper verdichtet. Deshalb heißt es in den Schriften, daß dieser Körper lediglich aus Elementen gefügt ist und sein Erscheinen und Verschwinden nur das Erscheinen und Verschwinden von Elementen ist, die keine eigene Wirklichkeit haben. Wenn ein Gedanke nicht den anderen gibt, sondern jeder friedlich verklingt, so nennt man das Versunkenheit in die grenzenlose Betrachtung.

Verblendung und Erleuchtung

Verblendung heißt, daß du deinen eigenen grundlegenden Herz-Geist nicht gewahrst; Erleuchtung heißt, daß du deines eigenen grundlegenden Wesens inne bist. Bist du erleuchtet, so fällst du nicht wieder in den Zustand der Verblendung.

Hast du den Geist und die Dinge erfaßt, bilden sich keine falschen Vorstellungen; wo keine falschen

Vorstellungen sich bilden, da werden alle Dinge als anfanglos genommen. Du hattest es immer, und du hast es jetzt – es bedarf nicht der Übung des Weges oder des Sitzens in Meditation.

Meister Dazhu

Künstliches Zen

Ihr seid im Grunde ganz recht, wie ihr seid, und doch müht ihr euch mit künstlichen Mitteln. Warum nur wollt ihr euch selbst in Ketten legen und einkerkern? Ihr haltet euch alle Tage in Atem, ihr sagt, daß ihr euch im Zen schult, den Weg erlernt, den Buddhismus auslegt, doch das entfernt euch nur noch weiter. Ihr seid auf der Jagd nach Schall und Form. Wann werdet ihr je aufhören?

Dein Schatz

Mein Meister sagte zu mir: «Das Schatzhaus in dir enthält alles, und es steht dir zur Verfügung. Du brauchst nicht außen zu suchen.»

Meister Linji

Wahres Sehen und Verstehen

Wer sich im Buddhismus schult, soll echtes, wahres Sehen und Verstehen suchen. Wenn ihr echtes, wahres Sehen und Verstehen erlangt, können Geburt und Tod euch nichts anhaben – ihr seid frei, zu gehen oder zu bleiben. Ihr braucht keine Wunder zu suchen, denn Wunder kommen von selbst.

Selbstvertrauen

Worauf ich euch hinweise, ist nur dies: Laßt euch nicht von anderen irremachen. Handelt, wenn es für euch erforderlich ist, ohne Zögern und Zweifel.

Die heutigen Menschen können das nicht – woran gebricht es ihnen? Es gebricht ihnen an Selbstvertrauen.

Wenn ihr nicht ohne weiteres euch selbst vertrauen könnt, werdet ihr kopflos; ihr rennt allen möglichen Dingen nach und laßt euch von ihnen beeinflussen und könnt eure Unabhängigkeit nicht wahren.

Der Buddha in euch

Es gibt keine Beständigkeit in der Welt, sie ist wie ein brennendes Haus. An so einem Ort kann man sich nicht lange aufhalten. Der todbringende Dämon der Vergänglichkeit kann augenblicklich da sein, und er unterscheidet nicht zwischen Höher- und Tiefergestellten, zwischen Alten und Jungen.

Wenn ihr nicht verschieden sein wollt von den Buddhas und Zen-Meistern, dann sucht nicht im Außen.

Das reine Licht eines Augenblicks des Gewahrseins in eurem Geist ist das Buddha-Wesen in euch. Das nichtunterscheidende Licht eines Augenblicks des Gewahrseins in euch ist die Weisheit des Buddha in euch. Das ungeteilte Licht eines Augenblicks des Gewahrseins in eurem Geist ist die Manifestation des Buddha in euch.

Keine Lieblingsideen

Vordringlich ist, daß ihr echtes, wahres Sehen und Verstehen sucht, damit ihr frei sein könnt in der Welt und euch nicht irremachen laßt von allerlei Geschwätz über den Geist.

Hegt am besten gar keine Lieblingsideen. Hört auf, etwas zustande bringen zu wollen. Seid einfach natürlich.

Zwanghaft sucht ihr anderswo, schaut bei anderen nach euren eigenen Händen und Füßen. Da beginnt schon der Irrtum.

Der Geist-Grund

Der Geist-Grund kann in das Gewöhnliche, in das Heilige, in das Reine, in das Befleckte, in das Wirkliche, in das Konventionelle eingehen; doch das ist nicht euer «wirklich» oder «konventionell» oder «gewöhnlich» oder «heilig». Er kann alles Wirkliche und Konventionelle, alles Gewöhnliche und Heilige benennen, doch das Wirkliche und das Konventionelle, das Gewöhnliche und das Heilige können nicht den benennen, der im Geist-Grund ist. Könnt ihr seiner habhaft werden, so gebraucht ihn, ohne ihm noch weitere Benennungen zu geben.

Menschen verstehen

Wenn Zen-Schüler vor mich hintreten, habe ich sie schon ganz und gar verstanden. Wie kann ich das? Einfach, weil meine Wahrnehmung unabhängig ist: Äußerlich halte ich mich nicht beim Gewöhnlichen oder Heiligen auf, innerlich nicht beim Grundlegenden. Ich durch-schaue ganz und gar und zweifle nicht mehr und irre mich nicht mehr.

Unabhängigkeit

Seid von nichts abhängig, wo ihr euch auch aufhaltet, und just da ist Verwirklichung. Umstände, die sich einstellen, können euch nicht wandeln. Selbst wenn ihr schlechte Gewohnheiten habt, werdet ihr ohne weiteres Zutun frei von ihnen.

Banausen

Die Zen-Schüler sind heutzutage der Wahrheit überhaupt nicht mehr inne. Sie sind wie stöbernde Ziegen, die alles ins Maul nehmen, was sie gerade finden. Sie unterscheiden nicht mehr zwischen Diener und Herr oder zwischen Gast und Hausherr.

Solche Leute beginnen verwirrten Geistes mit dem Zen und sind unfähig, sich den wechselnden Situationen anzupassen. Mag man sie auch als wahre Eingeweihte ansehen, in Wirklichkeit sind sie doch Menschen der Welt.

Die aber, die wirklich alles Bindende abstreifen möchten, müssen das echte, wahre Sehen erlangen, um den Erleuchteten vom Verhafteten, den Echten vom Nachgemachten, den Ungebesserten vom Weisen unterscheiden zu können.

Seid ihr zu diesen Unterscheidungen fähig, so kann man von euch sagen, daß ihr die Abhängigkeit wahrhaft verlassen habt.

Der buddhistische Klerus, der Verblendung nicht von Erleuchtung unterscheiden kann – das sind Leute, die einfach nur einen Stand verlassen haben und in einen anderen eingetreten sind. Man kann sie nicht ernsthaft als unabhängig bezeichnen.

Es gibt heute eine Buddhismus-Besessenheit, die man mit dem Eigentlichen zusammenrührt. Wer einen klaren Blick hat, durchschaut sowohl Besessenheit als auch Buddhismus. Wenn du das Heilige liebst und das Gewöhnliche verachtest, dümpelst du immer noch auf dem Meer der Verblendung.

Benennungen und die Wahrheit

Ihr haltet euch an Benennungen und Sprüche, und diese Benennungen und Sprüche, ob sie im Alltag gebraucht werden oder als heilig gelten, werden euch zum Hindernis. Sie verschleiern euch die Wahrnehmung der Wahrheit, wie sie wirklich ist, und euer Verstehen ist nicht klar.

Das freie Selbst

Wenn ihr frei sein wollt, erkennt euer wahres Selbst. Es hat keine Form, keine Erscheinung, keine Wurzel, keine Grundlage, keinen Ort, aber es ist munter und voller Leben. Es reagiert flink und gewandt, doch wo es wirkt, ist nicht zu sagen – sucht ihr es, so entfernt ihr euch von ihm, wollt ihr es erlangen, so wendet ihr euch nur immer mehr von ihm ab.

Seid unbesorgt

Laßt nur das Denken zu Ruhe kommen, und sucht nicht mehr im Außen. Was sich euch darbietet, dem wendet eure Aufmerksamkeit zu; vertraut dem, was gerade wirkt in euch, und es wird nichts mehr geben, worum ihr euch zu sorgen hättet.

Blinde Kahlköpfe

Es gibt blinde Kahlköpfe, die, nachdem sie sich sattgegessen haben, Zazen üben; sie halten ausrinnende Gedanken an, damit sie sich gar nicht erst bilden, sie fliehen den Lärm der Welt und suchen die Stille. Das ist eine abweichende Form des Zen.

Blinde Gläubigkeit

Ihr nehmt die Worte dieser gewöhnlichen Zen-Lehrer für den wahren Weg; ihr geht davon aus, daß Zen-Lehrer nicht zu begreifen sind und ihr es als gewöhnliche Menschen nicht wagen könnt, die Alten kritisch zu betrachten. Wenn ihr diese Haltung trotz allem, was euch der Augenschein lehrt, ein Leben lang beibehaltet, seid ihr blind.

Mit Speck fängt man Mäuse

In Schulungseinrichtungen des Zen sagen sie, es gebe einen Weg, der zu üben sei, und eine Wahrheit, die zu verwirklichen sei. Sagt mir, welche Wahrheit wird verwirklicht, welcher Weg geübt? In eurem gegenwärtigen Wirken, was mangelt euch da? Was möchtet ihr in Ordnung bringen?

Junge Neulinge, die das noch nicht begreifen, glauben diesen Blendern sogleich und lassen sie Dinge reden, die den Menschen nur Fesseln anlegen.

Übernatürliche Fähigkeiten

Die sechs übernatürlichen Fähigkeiten der Erleuchteten sind: in den Bereich der Form eintreten zu können, ohne von der Form irregeführt zu werden, in den Bereich des Schalls eintreten zu können, ohne vom Schall irregeführt zu werden, in den Bereich des Geruchs eintreten zu können, ohne vom Geruch irregeführt zu werden, in den Bereich des Geschmacks eintreten zu können, ohne vom Geschmack irregeführt zu werden, in den Bereich des Empfindens eintreten zu können, ohne vom Empfinden irregeführt zu werden, in den Bereich der Phänomene eintreten zu können, ohne von den Phänomenen irregeführt zu werden.

Nicht in die Dinge verstrickt

Wenn ihr alles so sehen und verstehen möchtet, wie es wirklich ist, so laßt euch nicht von den Leuten irremachen. Macht euch frei von allem, was ihr in euch oder außerhalb findet – Religion, Tradition und Gesellschaft –, denn nur dann werdet ihr Befreiung finden. Seid ihr nicht in die Dinge verstrickt, so gelangt ihr ungehindert zur Selbständigkeit.

Keine Lehre

Ich habe keine Lehre, die ich den Menschen geben könnte; ich heile nur Gebrechen und löse Fesseln.

Vom Regen in die Traufe

Es gibt Zen-Schüler, die in Ketten einen Lehrer aufsuchen, der ihnen dann noch eine weitere Kette anlegt. Die Schüler, unfähig zu unterscheiden, sind entzückt. Das nennt man: Ein Gast schaut den anderen an.

Sklaverei

Wenn ich sage, es gebe außen nichts, so meinen Schüler, die mich nicht verstehen, das Innere sei gemeint; also sitzen sie still und stumm und meinen, das sei Zen.

Das ist ein großer Irrtum. Wenn ihr meint, ein Zustand unbewegter Klarheit sei Zen, so erkennt ihr die Unwissenheit als euren Sklaventreiber an.

Bewegung und Stille

Versucht ihr das Zen in der Bewegung zu erfassen, so entweicht es in die Stille. Versucht ihr das Zen in der Stille zu erfassen, so entweicht es in die Bewegung. Es ist wie ein Fisch in einer Quelle, der Wellen aufwirft und tanzt, wie er will.

Bewegung und Stille sind zwei Zustände. Der von nichts abhängige Meister kann Bewegung und Stille frei gebrauchen.

Meister Yangshan

Zen-Lehre

Es gibt wechselseitiges Wirken, wenn es geboten ist, kein wechselseitiges Wirken, wenn es nicht geboten ist.

Schwere und leichte Kost

Legte ich den Ursprung des Zen dar, kein Mensch wäre hier, geschweige denn fünf- oder siebenhundert. Plaudere ich jedoch über dies und das, so umdrängt ihr mich, um alles mitzubekommen. Das ist, als narrte man ein Kind mit einer leeren Faust – nichts Wirkliches ist darin.

Die Essenz des Zen

Ich erläutere euch Dinge, die mit der Erleuchtung in Zusammenhang stehen, doch versucht nicht, euren Geist dabei verweilen zu lassen. Wendet euch dem Ozean eures eigenen Wesens zu und bringt euch in Übereinstimmung mit seiner wahren Natur.

Übernatürliche Fähigkeiten

Ihr braucht keine übernatürlichen Fähigkeiten, denn diese sind Ausfluß der Erleuchtung. Einstweilen tut es euch not, den Geist zu erkennen und seinen Ursprung aufzusuchen.

Wurzeln und Zweige

Werdet nur der Wurzel habhaft und kümmert euch nicht um die Zweige, denn die werdet ihr eines Tages ganz von selbst haben. Habt ihr die Grundlage nicht erlangt, so könnt ihr auch durch strebsame Schulung das nicht erlangen, was aus ihr erwächst.

Der Blick nach innen

Ihr sollt eure Aufmerksamkeit nach innen wenden – haltet euch nicht bei meinen Worten auf. Ihr habt euch länger, als ihr euch zurückerinnern könnt, vom Licht fort der Finsternis zugewendet, und so reichen die Wurzeln eures ichhaften Denkens tief und sind nicht auf einmal auszureißen. Deshalb wende ich gelegentlich Mittel an, um eure grobe Wahrnehmung zu beseitigen.

Meister Fayan

Falsche Zen-Lehrer

Es ist von Übel, als Lehrer anderer zu wirken, bevor der Grund deines eigenen Geistes klar erleuchtet ist.

Das Fundament des Zen

Die Lehre vom Geist-Grund ist das Fundament der Zen-Schulung. Der Geist-Grund ist das große Gewahrsein des Seins, wie es ist.

Verwirrung

Aufgrund ihrer Verwirrung wissen die Menschen nicht, zwischen sich selbst und den Dingen zu trennen; Begehrlichkeit flammt auf, und sie verstricken sich in Teufelskreise, die ihre Wahrnehmung umnebeln und sie in Unwissenheit hüllen. Weiter und weiter drehen sich die Teufelskreise, und die Menschen können nicht frei sein.

Die Entartung des Zen

Im Zen geht es darum, das Gewöhnliche und das Heilige augenblicklich zu transzendieren; die Menschen sollen dazu gebracht werden, ganz aus eigenem zu erwachen und die Wurzel des Zweifels ein für allemal abzuschneiden.

Viele Menschen sind dessen heutzutage nicht mehr eingedenk. Sie mögen sich Zen-Gemeinschaften anschließen, doch sie sind nachlässig, was ihre Zen-Schulung angeht. Sie mögen die Sammlung des Geistes erlangen, doch sie wählen keine echten Meister. Durch die Irrtümer falscher Lehrer verlieren sie ebenfalls den Weg. Die Sinne und die Gegenstände haben sie nicht verstanden, und so machen sie sich irgendwelche falschen Deutungen zu eigen, verrennen sich ganz und gar darein und verlieren die rechte Grundlage völlig.

Sie sind nur daran interessiert, Führer zu werden und als Lehrer bekannt zu sein. Nichtiges Ansehen in der Welt bedeutet ihnen viel, doch damit bringen sie Unheil über sich. Sie machen nicht nur ihre Nachfolger blind und taub, sondern sorgen auch dafür, daß das Zen entartet und seinen guten Einfluß verliert.

Sektenunwesen

Das Zen gründet sich nicht auf die Voraussetzung, daß da eine zu übermittelnde Lehre sei. Es ist einfach das unmittelbare Deuten auf des Menschen Geist zur

Schau des eigenen Wesens und zum Erlangen des Erwachens. Wo wäre da Platz für sektiererische Bestrebungen?

Es gab bei den späteren Zen-Lehrern verschiedene Arten der Unterweisung, und so bestanden Überlieferung und Wandel nebeneinander. Die Methoden etlicher berühmter Zen-Meister wurden zu Traditionen, und das ging so weit, daß ihre Nachfolger Sekten bildeten und nicht mehr zur ursprünglichen Wirklichkeit gelangten. Es kam zu vielen Spaltungen, und sie widersprachen einander und griffen einander an. Sie wissen nicht, was das Tiefgründige und was das Oberflächliche ist, und sie wissen nicht, daß der Große Weg keine Ränder hat und die Ströme der Wahrheit alle vom gleichen Geschmack sind.

Urteilskraft

Zen-Meister müssen vor allem falsch und echt unterscheiden können, und dann müssen sie ihre Zeit klar erfassen.

Heruntergekommenes Zen

Die Zen-Lehrer haben in letzter Zeit die Grundlage verloren, und so ist es für die Schüler gar nicht mehr möglich, sich zu schulen. Es gibt selbstsüchtigen Wetteifer, und flüchtige Zustände gelten als echte Errungenschaft.

Grundsatz und Tatsache

Zum Zen-Buddhismus gehören sowohl Grundsatz als auch Tatsache. Tatsache beruht auf Grundsatz, Grundsatz wird durch Tatsache anschaulich. Grundsatz und Tatsache wirken zusammen wie Augen und Füße.

Urteilsvermögen

Wenn du mit dem gewöhnlichen ichhaften Bewußtsein über Vergangenes und Gegenwärtiges urteilst, ohne dich der Verfeinerung und Läuterung deiner Einsicht unterzogen zu haben, so ist das, als wolltest du einen Schwerttanz ausführen, ohne den Umgang mit dem Schwert erlernt zu haben.

Phantasterei

Wer sich Hirngespinsten hingibt, wird kaum die Worte und Taten der Erleuchteten ergründen können.

Zen-Nachfolge

Wenn du dir Aussprüche einprägst, bist du nicht in der Lage, dich den jeweiligen Umständen feinfühlig anzupassen. Nicht daß es keinen Weg gäbe, den Lernenden Einsicht zu vermitteln; doch hast du den Weg einmal erlernt, so ist es wichtig, daß du sein

Wirken ganz ausschöpfst. Hältst du dich einfach an die Schule deines Lehrers und lernst Sprüche auswendig, so ist das nicht Erleuchtung, sondern gehört dem Verstandeswissen an.

Deshalb heißt es: «Wenn dein Erkennen dem deines Lehrers nur gleichkommt, verminderst du seine Tugend um die Hälfte. Übertrifft dein Erkennen das deines Lehrers, so kannst du seine Lehre darlegen.»

Der Sechste Patriarch des Zen sagte zu einem gerade Erwachten: «Was ich dir sage, ist kein Geheimnis. Das Geheimnis ist in dir.»

Ein anderer Zen-Meister sagte: «Alles strömt aus deinem eigenen Herzen.»

Meister Fenyang

Das Werk eines Meisters

Jemand fragte Fenyang: «Was ist das Werk eines lehrenden Meisters?»

Fenyang erwiderte: «Unpersönlich die leiten, die geistig verwandt sind.»

Der Mond und die Wolken

Das ursprüngliche Buddha-Wesen aller Lebewesen ist wie der helle Mond am Himmel – nur weil er von ziehenden Wolken verdeckt ist, kann er nicht scheinen.

Selbständiges Wissen

Du solltest von selbst wissen, was heilig und was gewöhnlich, was falsch und was richtig ist – gib dich nicht mit den Urteilen anderer ab. Wie viele Menschen haben es je geschafft, jede Feinheit herauszufinden? Die Menschen folgen wahllos den äußeren Sinnen und rennen wie Verrückte.

Jahreszeiten

Wann werdet ihr je aufhören, um dies und das zu ringen? Bevor ihr es gewahr werdet, hat der Frühling sich in Herbst verwandelt. Die Blätter fallen, die Gänse ziehen, der Frost wird allmählich strenger. Gekleidet und beschuht, was wollt ihr denn noch?

Buddha und Teufel

Erkennt ihr den Geist, so ist der Geist der Buddha. Erkennt ihr ihn nicht, ist er der Teufel. Teufel und Buddha werden vom Geist erzeugt. Der Buddha ist wirklich, der Teufel Wahn.

Die Höhle der Unwissenheit

Wenige glauben, daß ihr eigener Geist der Buddha ist. Die meisten nehmen dies nicht ernst und leben deshalb unter Zwängen. Sie sind umringt von Einbildungen, Begierden, Haß und anderen Plagen, weil sie einfach die Höhle der Unwissenheit lieben.

Plötzliches Erwachen

Wenn du plötzlich den Ursprung des Geistes gewahrst, öffnest du eine Schatzkiste. Verehrungswürdig auf der Erde und in den Himmeln, bist du selbst über die Freuden der Meditation erhaben. Die

Essenz, die alle Aromen enthält, ist die unübertreffliche Köstlichkeit, mehr wert als tausend Unzen puren Goldes.

Tausend Bücher, ein Wort

Wenn du verblendet und voller Zweifel bist, helfen selbst tausend heilige Schriften dem nicht ab. Hast du aber das Begreifen verwirklicht, so ist ein Wort schon zuviel.

Zen wird persönlich übermittelt, durch Wiedererkennen des Herz-Geistes. Es wird nicht äußerlich durch aufgeschriebene Worte weitergegeben.

Die Vollendung des Zen

Ist das Zen dir zur zweiten Natur geworden, so bleibt dein Geist gelassen, wird von weltlichen Belangen nicht aufgerührt. Du gelangst in das Reich der Erleuchtung, transzendierst die gewöhnliche Welt und entsagst der Welt inmitten der Menschen.

Den Weg verwirklichen

Hast du die Leerheit von allem erkannt, so fügt sich alles von selbst. Du bist in vollkommener Einheit mit dem, was jenseits der Welt ist, und umfängst zugleich, was in den Bereichen des Daseins ist.

Verfehlst du die Essenz des Zen, so hat es doch

nichts auf sich damit. Erlangst du ihr Wirken, so ist das folgenreich für den Geist.

Der wahre Weg der Absichtslosigkeit ist nichts für kleine Geister.

Meister Xuedou

Der lebendige Sinn des Zen

Jemand fragte Xuedou: «Was ist der lebendige Sinn des Zen?»

Xuedou sagte: «Die Gebirge sind hoch, die Meere weit.»

Woher habt ihr ihn?

Jemand fragte Xuedou: «Es heißt: ‹Der eine Weg hinüber wird von keinem der Weisen übermittelt.› Woher also habt Ihr ihn?»

Xuedou sagte: «Ich dachte, du seiest einer, der Zen übt.»

Schwertrad und Diamantstab

Wo das Schwertrad wirbelt, verlieren Sonne und Mond ihr Leuchten. Wo der Diamantstab herabsaust, verlieren Himmel und Erde ihre Farbe. Durch diese Erfahrung bersten die Wänste der Teufel; durch diese Erfahrung öffnen sich die Augen der Weisen.

Erleuchtete Wahrnehmung

Wenn du deine Wahrnehmung erleuchtest, sind deine Augen wie tausend Sonnen, und nichts kann dir entgehen. Für gewöhnlich sind die Menschen nicht so klarblickend, doch sollten sie sich nicht unterschätzen und deshalb entmutigt aufgeben.

Wahrheit und Weisheit

Die Weisen ergreifen eine Wahrheit beherzt, sobald sie sie hören. Zögere nicht einen Augenblick, oder du verlierst den Kopf.

Zen-Unterweisung

Jemand fragte Xuedou: «Was ist Eure Art der Unterweisung?»

Xuedou erwiderte: «Wenn Gäste kommen, soll man sie empfangen.»

Die Suppe verderben

Einst leitete ein Zen-Ältester eine Meditationsklausur und sprach in dieser Zeit kein Wort zu den Teilnehmenden. Einer von denen sagte: «Dadurch ist für mich die ganze Klausur vertan. Ich erwarte ja nicht, daß der Lehrer den Buddhismus erklärt; es würde schon genügen, zwei Worte der Absoluten Wahrheit zu hören.»

Der Älteste hörte dies und sagte. «Beklage dich nicht vorschnell. Es gibt auch nicht ein Wort, von der Absoluten Wahrheit zu sprechen.» Dann knirschte er mit den Zähnen und fügte hinzu: «Es war müßig, das zu sagen.»

Ein anderer Ältester im Nebenraum hörte dies und sagte: «Ein schöner Topf Suppe, verdorben durch zwei Krümel Rattenkot.»

Wessen Topf enthielte nicht einen oder zwei solcher Krümel?

Der Zen-Fluß

Der Fluß des Zen ist still, sogar in den Wellen; das Wasser der Beständigkeit ist klar, sogar in den Wellen.

Meister Huanglong

Wissen ohne Lehrer

Der universale Körper des Wirklichen ist von solcher Feinheit, daß du ihn nicht hörst, wenn du ihn lauschend wahrzunehmen trachtest, und du siehst ihn nicht, wenn du ihn anschaust. Das direkte Wissen, das nicht zu lehren ist – wie könnte es durch Denken oder Studium zu erlangen sein?

Öffnet eure Augen

Suchende müssen ihre eigenen Augen öffnen – seht zu, daß ihr später nichts zu bedauern habt. Zen ist nicht durch übersinnliche Kräfte oder das Heranzüchten besonderer Erfahrungen zu erlangen. Zen ist nicht anhand der Kenntnisse und mit dem Verstand der Buchgelehrten zu erörtern.

Wissen und Gefühle

Grundlage und Ursprung des sinnlichen Daseins ist der Ozean der Erkenntnis. Der Körper des Wirklichen ist die Substanz des Bewußtseinsstroms.

Stellen sich aber Gefühle ein, so wird das Wissen

verdunkelt; deshalb bleibt die wahre Wirklichkeit im alltäglichen Leben unerkannt. Die inneren Bilder wandeln sich, die Dinge stellen sich als verschieden dar, und die Menschen haben einen Hang zu den Gegenständen der Gewohnheit, aber nicht zur Umkehr.

Der Zen-Weg

Der Weg bedarf keiner Übung – beschmutze ihn einfach nicht. Das Zen bedarf keiner methodischen Anstrengungen – das Wichtige ist, den Geist anzuhalten.

Ist der Geist angehalten, gibt es kein wiederkäuendes Grübeln. Wird der Weg nicht eigens geübt, so geht ihr Schritt für Schritt auf ihm.

Wo kein Grübeln ist, da ist auch keine Welt, die transzendiert werden müßte. Wird der Weg nicht eigens geübt, so ist da kein Weg, der zu suchen wäre.

Beides falsch

Umherzuwandern und bei verschiedenen Schulen nach Meistern zu forschen, das ist äußeres Suchen. Das innere Wesen des Gewahrseins für den Ozean und die schweigende Erkenntnis der transzendenten Weisheit für Zen zu nehmen, das nennt man inneres Suchen.

Außen zu suchen hält dich auf fatale Weise in

Atem; innen zu suchen, ohne Geist und Körper fallenzulassen, bindet dich auf fatale Weise.

Daher ist Zen weder innen noch außen, weder Sein noch Nichtsein, weder echt noch falsch. Und so heißt es auch: «Die innere und die äußere Sicht sind beide falsch.»

Zen-Krankheit

«Wenn gewöhnliches und heiliges Empfinden vergessen ist, offenbart sich das Sein, wie es wirklich ist. Löse dich nur aus allen selbstgewählten Verstrickungen, und du erwachst zum Sein, wie es ist.»

Diese Worte hat zwar ein Zen-Meister der alten Zeit hinterlassen, doch es gibt viele Menschen, die sie zu schwer verdaulich finden. Ich betreibe Verschwendung, indem ich sie nur erwähne.

Kann jemand dies klar erfassen? Wenn ja, so wird er die Krankheit des «Buddhismus» und die Krankheit des «Zen» erkennen.

Lebendiges Zen

Das Meer auszutrinken und einen Berg auf den Kopf zu stellen, das ist für den Zen-Adepten etwas ganz Gewöhnliches. Zen-Sucher sollen inmitten all der heiklen Situationen des Lebens am Ort der universalen Erleuchtung verweilen und ihres Ur-Angesichts inne sein, wenn sie sich der gewöhnlichen Welt widmen.

Wahre Freiheit

«Wo heutige Menschen weilen, da weile ich nicht. Was heutige Menschen tun, das tue ich nicht.» Wenn ihr klar erfaßt, was das wirklich bedeutet, müßtet ihr in eine Feuergrube springen können.

Goldene Ketten

Jemand fragte Huanglong: «Es heißt, einer, der ohne Absichten und unbekümmert ist, werde immer noch von goldenen Ketten gehalten – woran fehlt es da?»

Huanglong sagte: «Wenn ein Wort an die Öffentlichkeit dringt, kann es neun Jahre lang nicht zurückgenommen werden.»

Nicht verbrennen, nicht ertrinken

Alle Weisen seit unvordenklicher Zeit haben den Abgrund des Lebens und Todes nicht gescheut; sie gingen ins Feuer der Verblendung, um anderen herauszuhelfen. Wie steht es mit euch? Wie geht ihr hinein?

Wenn einer eintreten kann, so kann man es nennen: nicht im Feuer verbrennen, nicht im Wasser ertrinken.

Wer nicht eintreten kann, der kann nicht nur sich selbst, sondern auch anderen nicht helfen.

Meister Yangqi

Nirgendwo sonst

Wenn Körper und Geist rein sind, sind alle Dinge rein. Wenn alle Dinge rein sind, sind Körper und Geist rein.

«Die im Fluß verlorene Münze kann nur im Fluß gefunden werden.»

Doch noch weltlich

Wenn ihr euch vom Universum löst, ist's überall dunkel. Wenn ihr vom Absoluten ablaßt, ist jahreszeitgemäßer Regen und mäßiger Wind. Allerdings ist hier doch noch Weltlichkeit.

Die alte Lehre

Jemand fragte Yangqi: «Es heißt: ‹Möchtest du dem Gezeter im Geist entkommen, so lies die alte Lehre.› Was ist denn die alte Lehre?»

Yangqi erwiderte: «Der Mond scheint hell am Himmel, die Wellen sind still auf dem Meer.»

Der Fragende wollte wissen: «Wie liest man das?»

Yangqi sagte: «Gib acht, was du tust.»

Das unübertreffliche Fahrzeug

Man bittet mich, das unübertreffliche Fahrzeug des Zen darzulegen, doch wenn es das unübertreffliche Fahrzeug ist, ziehen sogar die Weisen sich zurück, und Buddhas und Zen-Meister verschwinden.

Weshalb? Weil ihr alle eben das seid, was die Buddhas aller Zeiten sind. Aber könnt ihr dies wirklich glauben und darauf bauen?

Wenn ihr es wirklich könnt, so laßt uns auseinandergehen, daß jeder seines Weges zieht.

Bleibt ihr aber, so werde ich euch weiterhin zum Narren halten.

Ein klarer Spiegel

Der Geist ist das Vermögen, die Phänomene sind das Gegebene – beide sind wie Kratzer auf einem Spiegel.

Wenn da weder Kratzer noch Staub sind, zeigt sich die Klarheit des Spiegels.

Wenn Geist und Phänomene vergessen sind, ist eure Natur verwirklicht.

Schweigendes Zen

Jemand fragt Yangqi: «Als der Erste Patriarch von Indien nach China kam, saß er neun Jahre der Wand zugewandt. Was bedeutet das?»

Yangqi sagte: «Als Inder konnte er kein Chinesisch.»

Meister Wuzu

Räuber-Zen

Wer als Zen-Meister wirkt, für den kommt es darauf an, «dem Pflüger den Ochsen fortzutreiben, dem Hungrigen die Speise wegzuschnappen».

Dem Pflüger den Ochsen forttreiben – das macht seine Ernte überreich; dem Hungernden die Speise wegschnappen – das befreit ihn für immer vom Hunger.

Für die meisten Menschen, die diesen Ausspruch hören, ist es, als sauste ihnen der Wind um die Ohren. Dem Pflüger den Ochsen forttreiben, wie soll das seine Ernte überreich machen? Dem Hungernden die Speise wegschnappen, wie soll ihn das vom Hunger befreien?

An diesem Punkt mußt du fähig sein, dem Pflüger den Ochsen fortzutreiben und dem Hungernden die Speise wegzuschnappen: den Menschen so in die Zange zu nehmen, daß er nicht mehr aus noch ein weiß. Dann sage ihm: «Gnaden empfängt man nicht zweimal, ein Unglück kommt selten allein.»

Etwas Unbeschreibliches

Es gibt etwas in der Welt, das ist weder in der Sphäre des Gewöhnlichen noch in der Sphäre des Heiligen. Es ist weder im Bereich des Unwahren noch im Bereich des Wahren.

Großer Friede

Wenn zehntausend Meilen weit kein Wolkenfleckchen die große Klarheit unterbricht, sind Sonne und Mond am ursprünglichen Himmel von selbst klar.

Es ist einem General nicht erlaubt, den großen Frieden zu sehen, aber ein General kann den großen Frieden einkehren lassen.

Das Ziel des Zen

Um dich im Zen zu schulen, mußt du dir erst die Richtung zum höchsten Ziel weisen lassen. Schall hören und Form sehen – unbegreiflich. Vom ewigen Himmel scheint Nacht für Nacht der Mond auf jedes Haus; seine Spiegelung senkt sich in einen stillen Tümpel, doch wie viele wissen?

Vergebliches Suchen

Wenige, die das Zen suchen, erlangen es auch. Wann wird das Urteilen je aufhören? Wenn ihr von Worten ausgehend über hoch und niedrig sprecht, so ist das wie vor der Erleuchtung.

Der Geschmack der Leere

Es gibt eine Straße zur Leere, über die jedermann hingelangen kann. Wer sie erreicht, erkennt, daß ihr reicher Geschmack anhält. Der Grund des Geistes bringt keine nutzlosen Gewächse hervor; der Körper strahlt ganz von selbst Licht aus.

Über Zen reden

Ständig über Zen zu reden, das ist, als suchte man in einem trockenen Flußbett nach Fischfährten.

Meister Yuanwu

Das Ziel des Zen

Wenn erleuchtete Zen-Meister Anleitungen für den spirituellen Pfad geben, geht es nur darum, den Geist zu klären, damit er an seinen Ursprung gelangt. Er ist vollständig gegenwärtig in einem jeden, doch die Menschen wenden sich aufgrund ihrer Einbildungen von diesem Grund des Geistes ab.

Unmittelbares Zen

Wenn du große Befähigung und durchdringende Einsicht herangebildet hast, kannst du Zen ins Werk setzen, wo du auch gehst und stehst. Ohne es von einem anderen zu bekommen, verstehst du von selbst ganz klar.

Das durchdringende Licht des Geistes und die weite offene Stille sind seit anfangloser Zeit nie unterbrochen worden. Der reine, absichtslose, unnennbare, völlige wahre Geist wirkt nicht als Komplize der äußeren Sinne und folgt nicht den zehntausend Dingen.

Der Geist, der stets so klar und hell ist wie zehn Sonnen zusammen, losgelöst von Anschauungen und jenseits des Empfindens, die flüchtigen Trugbilder von Geburt und Tod durchschauend – dies ist gemeint mit dem Wort: «Der Geist als solcher ist Buddha als solcher.»

Gesprächsstoff

Viele weltliche Intellektuelle befassen sich mit dem Zen, um einen Gesprächsstoff zu haben, der ihr Ansehen vermehrt. Sie meinen, das sei ein sehr hehrer Gegenstand, und sie versuchen damit ihre Überlegenheit zu beweisen. Solches Zen vermehrt nur ihre Selbstsucht.

Der richtige Beweggrund

Wenn dein ursprünglicher Beweggrund, dich im Zen zu schulen, nicht der richtige ist, wirst du dich schließlich umsonst abgemüht haben. Deshalb drängten die Alten die Menschen, sich zu schulen, als stünden sie am Rande des Todes.

Frieden

Das Leben des Menschen hat seine Wechselfälle. Es ist nicht notwendig, das Handeln abzulehnen und die Stille zu suchen – mach dich einfach innerlich leer und bring dich in Übereinstimmung mit dem Äußeren. Dann wirst du auch im hektischen Treiben der Welt in Frieden sein.

Augenblicks-Zen

Im Zen ist es für Menschen von starker Begabung und höherer Einsicht nicht schwer, bei einem einzigen Hören tausendfaches Verstehen zu erlangen.

Fest gegründet

Dein Stand muß fest und kraftvoll, fehlerlos und sicher sein. Als Herr der Lage wirst du eins mit all den verschiedenen Umständen – wie der schranklose Raum. Wenn die tiefe, offene Klarheit keine Veränderung kennt und jederzeit besteht, erst dann kannst du in Frieden sein.

Veränderungen in der Methode

Zen-Meister von wahrer Einsicht und großer Freiheit haben im Laufe der Zeit Änderungen in die Methode eingeführt, damit die Menschen nicht an Namen und Formen kleben und sich an verstandesmäßig Zurechtgelegtes halten.

Die Absicht des Zen

Im Laufe der Jahrhunderte hat sich das Zen in verschiedene Schulen mit jeweils eigenen Methoden verzweigt, doch die Absicht ist nach wie vor die gleiche: unmittelbar auf den Herz-Geist des Menschen zu deuten.

Ist der Grund des Geistes ganz klar geworden, so gibt es keinerlei Behinderung mehr; du streifst Anschauungen und Deutungen ab, die auf Begriffen wie Sieg und Niederlage, Ich und andres, richtig und falsch beruhen.

So durchdringst du all das und gelangst in einen Bereich großer Ruhe und Stille.

Den Geist öffnen

Im Zen ist es erforderlich, den Geist zu öffnen und falsches Erkennen und falsche Anschauungen abzulegen. Wenn nichts an deinem Geist hängenbleibt und du ganz ledig hindurchkommst, kann das Werk der Verfeinerung beginnen.

Die Lehren des Buddha

Wenn ein Buddha in der Welt erscheint und verschiedene Lehren darlegt, die den Anlagen und Neigungen der Menschen entsprechen, so sind alle diese Lehren geschickte Mittel – nur dazu da, die Verhaftungen, Zweifel, verstandesmäßigen Deutungen und ichhaften Vorstellungen zu durchschlagen.

Gäbe es kein falsches Bewußtsein und keine falschen Anschauungen, so wäre es nicht nötig, daß Buddhas erscheinen und so viele Lehren darlegen.

Plötzliche Lösung

Jenes plötzliche Sich-Lösen im Zen, das in die Verwirklichung mündet, kann von anderen weder verdorben noch gefördert werden. Laß dich nicht irremachen, und eines Tages wirst du mit klaren Sinnen durchbrechen und Zen unmittelbar erfahren.

Dann gebrauchst du es, wie du willst, du handelst, wie du willst, ohne allzuviel im Sinn zu haben.

Wenn das zur Reife gebracht ist und du urplötzlich ganz und gar losläßt, findest du augenblicklich Frieden und die Stillung allen Verlangens.

Halbgares Zen

Am schwersten zu bereinigen ist halbgares Zen: Du haftest am schweigenden Stillsitzen und betrachtest es als kostbarsten Schatz, den du im Herzen bewahrst und der dir jederzeit strahlend gegenwärtig ist; du trägst einen Wust von Erkenntnissen und eigenen Deutungen mit dir herum, gibst vor, Visionen und die Bestätigung eines Zen-Meisters zu haben – und vergrößerst doch nur deine Ich-Verhaftung.

Zen-Geist

In denen, die das Zen erlangen, verschwinden die inneren Umtriebe, Sehen und Handeln sind vergessen, und es gibt keine voreingenommenen Anschauungen.

Zen-Adepten bleiben einfach frei, sind für niemanden zu erkennen, weder für mögliche Anhänger noch für mögliche Gegner.

Sie gehen am Grund des tiefsten Meeres – unbefleckt, freien Geistes, unauffällig in ihrem Handeln, vom gemeinen Mann nicht zu unterscheiden.

Sie befreien ihren Geist direkt und entwickeln sich zu diesem Zustand hin, doch sind sie nicht willens, dort zu verweilen.

Sie empfinden das kleinste Ding als riesenhaft groß, und was den Strom zu behindern scheint, schieben sie augenblicklich beiseite.

Dies ist der reine Grund der geistigen Wirklichkeit, doch gibt es dort nichts zu ergreifen; greifst du danach, so wird es eine klebrige Anschauung.

Deshalb heißt es: «Das Tao ist nicht auf die Vereinigung mit den Menschen bedacht; wenn die Menschen auf nichts bedacht sind, vereinigen sie sich mit dem Tao.»

Wie kann also jemand sich brüsten, er habe das Zen erlangt?

Lebendige und tote Worte

Widmet euch dem lebendigen Wort des Zen, nicht dem toten. Erlangt ihr das Begreifen des lebendigen Wortes, so vergeßt ihr es nie. Erlangt ihr das Verstehen des toten Wortes, so könnt ihr nicht einmal euch selbst retten.

Das Schwert des Todes, das Schwert des Lebens

Es heißt: Um zu töten, brauchst du ein Schwert, das tötet, und um Leben zu schenken, brauchst du ein Schwert, das Leben schenkt.

Ist einer getötet worden, so sollte er zum Leben erweckt werden, und ist er zum Leben erweckt worden, so sollte er getötet werden.

Wendet man eins von beiden für sich allein an, so besteht Unausgewogenheit.

Den Familienschatz heben

Wenn du die unmittelbare Erfahrung des Zen wünschst, so suche sie vor allem nicht. Was durch Suchen erlangt wird, ist schon durch das Denken verunreinigt.

Der große Schatz des Zen liegt schon immer offen und klar zutage und ist schon immer der Kraftquell all deines Handelns gewesen.

Erst wenn du den Umtrieben deines Denkens Einhalt gebietest und den Punkt erreichst, wo alle

Dinge ungeboren sind, brichst du durch zur Freiheit – du versinkst nicht mehr in Gefühlen, du verweilst nicht mehr bei Begriffen, sondern transzendierst alles ganz und gar.

Dann ist Zen überall in der Welt überdeutlich gegenwärtig, und die Gesamtheit aller Dinge allenthalben verwandelt sich in sein großes Wirken.

Alles kommt aus deinem eigenen Herzen. Dies ist es, was einer der Alten das Heben des Familienschatzes nannte.

Direkte Zen-Erfahrung

Das Zen gründet sich ursprünglich nicht auf Aussprüche, es deutet einfach unmittelbar auf den Geist des Menschen.

Direktes Deuten ist ein Deuten auf das, was einem jeden innewohnt, wenn auch in einer Schale des Nichtgewahrseins.

Wenn daraufhin das ganze Sein erscheint, ist es nicht verschieden von dem der Weisen, wie es von jeher ist.

Dies nennt man die ursprünglich reine Leuchtkraft des von Natur aus wirklichen Wesens – unabhängig von den äußeren Sinnen verschluckt es das ganze Universum und speit das ganze Universum aus.

Nur durch die Loslösung vom Denken und das Abschneiden der Gefühle, alles gewöhnliche Richtmaß vollkommen übersteigend, mit großer Klarheit und großer Einsicht, die innere Kraft gebrauchend, kann dies in unserer gegenwärtigen Lage direkt erfahren werden.

Zen-Verwirklichung

Ein alter Meister sagt: «Die das Zen verwirklicht haben, halten sich einfach frei, sie bleiben allezeit begierdelos und unabhängig.»

Zen-Übung

Bring einfach deine Gedanken zur Ruhe. Es ist gut, die Dinge in aller äußeren Unruhe recht zu tun. Ist es dir darum zu tun, so dringe vor zu den Höhen und Tiefen.

Befreiung

Laß ab von all deinen früheren Einbildungen, Meinungen, Deutungen und weltlichen Erkenntnissen, von Verstandesdünkel, Selbstsucht und Überlegenheitsstreben. Werde wie ein abgestorbener Baum, wie kalte Asche. Wenn du den Punkt erreichst, wo Gefühle aufgehört haben, Anschauungen sich verflüchtigt haben und dein Geist rein und bloß ist, öffnest du dich der Zen-Verwirklichung.

Danach kommt es darauf an, Beständigkeit zu entwickeln, den Geist stets von allen Verfälschungen freizuhalten. Ist da auch nur das geringste

Schwanken, so besteht keine Hoffnung, die Welt zu überwinden.

Bleib in jeder Lage entschlossen und fest, dann wirst du Frieden haben. Wenn man dich keiner Stufe zuordnen kann, weder der des Weisen noch der der gewöhnlichen Menschen, dann bist du wie ein dem Käfig entkommener Vogel.

Entschlossenheit

Den Weg erreicht man durch Erleuchtung. Dazu ist vor allem Entschlossenheit notwendig, denn es ist keine Kleinigkeit, aus der Knechtschaft des gewöhnlichen Menschen direkt in die transzendente Erfahrung des Bereichs der Weisen einzutreten. Es erfordert, daß dein Geist wie Stahl wird, um den Strom von Geburt und Tod abschneiden zu können, daß du dein ursprüngliches wahres Wesen annimmst, nichts als in dir oder außerhalb deiner betrachtest und dein Herz vollkommen klar und von allen Hemmnissen frei machst, so daß alles Handeln und Bestreben aus dem Grundlegenden hervorgeht.

Die grundlegende Sache

Das Wesentliche bei der Zen-Schulung ist, die Wurzeln tief und den Stamm fest zu machen. Sei vierundzwanzig Stunden am Tag gewahr, wo du bist und was du tust.

Wenn keine Gedanken sich bilden und du überhaupt nichts im Sinn hast, wirst du eins mit dem Grenzenlosen und wirst ganz und gar leer und still. Dann wird dein Handeln nicht durch Zweifel und Zögern gehemmt.

Dies nennt man die grundlegende Sache, greifbar nah.

Sobald du dir Meinungen und Deutungen zurechtlegst, das Zen erlangen und Meister werden möchtest, bist du dem Bereich der Gemütsverfassungen und des Stofflichen verfallen: Du hast dich von den äußeren Sinnen und deren Wahrnehmungen, von Gedanken an Gewinn und Verlust, an richtig und falsch einfangen lassen. Halb trunken und halb nüchtern, wirst du nicht wirklich etwas zustande bringen.

Verweile nicht

Wenn du bemerkst, daß du bei etwas verweilst, daß etwas dich hemmt, so sind falsche Vorstellungen im Spiel. Mach deinen Geist so klar und frei, wie der Raum ist, wie ein Spiegel, wie die Sonne am Himmel.

Keine weltlichen Dinge

Wenn du frei und eigenständig bist, bindet dich nichts, und so suchst du auch nicht Befreiung. Du vollziehst einfach, was Zen ist, und gehst auf in der

Einheit. Dann gibt es keine weltlichen Dinge außerhalb des Buddhismus und keinen Buddhismus außerhalb der weltlichen Dinge.

Wer ist der Meister?

Tritt für dich allein zurück und schau die wahre Wirklichkeit, bis du eine unzweifelhaft wahre und echte Erleuchtungserfahrung erlangst. Dann ziehst du mit jedem Gedanken unendlich viele Meister zu Rate.

Die Substanz und das Wirken

Vollständig, unbewegt, offen, still – von der Art ist die Substanz des Weges. Ausbreitend und einrollend, tötend und Leben schenkend – von der Art ist sein heimliches Wirken.

Extreme

Hast du noch nicht den klaren, unfehlbaren Blick, so läßt dich dies in Extreme fallen, so daß du den Bezug zur Wirklichkeit verlierst.

Werkzeuge

Die Worte der Buddhas und Zen-Meister sind einfach Werkzeuge – Mittel für den Zugang zur Wahrheit. Bist du erst klar erleuchtet und in der Erfahrung der Wahrheit, so sind all die Lehrer in dir.

Dann sind dir die gesprochenen Lehren der Buddhas und Meister wie Spiegelungen und Echos, und du staffierst dich nicht damit aus.

Verwechslung

Heutzutage gehen viele Zen-Schüler nicht an die Wurzel des Zen-Wirkens; statt dessen nehmen sie Aussprüche her und erörtern sie unter dem Gesichtspunkt von Vertrautheit und Fremdheit, von Gewinn und Verlust. Sie nehmen das Nebensächliche für das Wirkliche.

Schneeflocken auf einem Schmelzofen

Ihr solltet euch nicht auf irgend etwas verlassen, sei es rein oder unrein. Dann werden Geist und Nicht-Geist, Anschauungen und Nicht-Anschauung wie Schneeflocken auf einem glühendheißen Schmelzofen sein.

Nicht-Bewußtsein

Wenn du innen leer und still und außen frei von deinen Wahrnehmungen bist, gelangst du ganz von selbst zu einer tiefen Erfahrung von «Nicht-Bewußtsein». Dann, mag auch alles zugleich geschehen, kann nichts dich mehr aus der Bahn werfen, und wenn dir auch alle möglichen Schwierigkeiten begegnen, beeinträchtigt das nicht dein Denken.

Gelassenheit

Wenn du dich mitten im Trubel des Lebens auf Veränderungen einstellen und entsprechend handeln kannst, dabei aber innerlich leer und gelassen bleibst, wenn du außerdem in stiller Umgebung dich nicht in die Stille verliebst, dann bist du lebendig, wo auch immer du sein magst. Nur wer das Grundsätzliche erlangt hat, vermag im Innern leer und mit dem Äußeren in Übereinstimmung zu sein.

Leben und Tod

Die Fähigkeit zu sprechen liegt nicht allein in der Zunge, reden können ist nicht nur eine Sache der Worte.

Die Erleuchteten wissen, daß man sich auf gesprochene Worte nicht verlassen soll; die Aussprüche der alten Zen-Meister sollen die Menschen nur dazu bringen, die Verknüpfung von Ursachen und Bedingungen wahrzunehmen – eine Sache, die schon immer von größter Wichtigkeit war.

Daher sind die Lehren der Schriften wie Finger, die auf den Mond deuten. Wenn du diese Sache von größter Wichtigkeit kennst, beendest du die formelle Schulung und wendest dieses Wissen überall mit alles erfassender Durchdringungskraft an.

Schließlich wirst du den Punkt der Unbewegtheit erreichen, wo du das Zen wieder aufnehmen und anwenden kannst – mit untrüglicher Sicherheit läßt du es beiseite oder bringst es an.

Dann durchschaust du alle gewöhnlichen Umstände und löst dich von ihnen, so daß auch nicht eine Spur bleibt.

Und kommst du dann an die Grenze von Leben und Tod, wo sie ineinandergreifen, aber sich nicht vermengen, so scheidest du heiter, gefaßt. Dies ist das Zen der Todesgelassenheit.

Zen-Meister

Zen-Meister müssen barmherzig, gütig und anpassungsfähig sein; sie müssen die Menschen unvoreingenommen behandeln, dürfen sich nicht einmischen und mit niemandem streiten.

Üble Nachrede

Wenn die Leute dir etwas ankreiden, dich in ein schlechtes Licht zu setzen versuchen, dich verleumden und schmähen, so tritt einfach einen Schritt zurück und beobachte dich selbst. Hege keine Abneigung, laß dich auf keinen Streit ein und sei nicht aufgebracht, wütend oder haßerfüllt.

Geh einfach hindurch und sei, als hättest du es nie gehört oder gesehen. Dann verschwinden böswillige Störenfriede irgendwann von selbst.

Legst du dich mit ihnen an, so gehen böse Worte hin und her, und es hat dessen kein Ende.

Der feine Schliff

Ein Meister der alten Zeit sagte, Zen sei wie das Erlernen der Bogenschießkunst – erst nach langer Übung triffst du ins Schwarze.

Die Erleuchtung wird augenblicklich erfahren, doch Zen muß über lange Zeit geübt werden; das ist wie bei einem Vogel, der nach dem Schlüpfen zuerst nackt und dünn ist, dann aber gefüttert wird und Federn bekommt und schließlich hoch und weit fliegen kann.

Deshalb brauchen jene, die klare und durchdringende Erleuchtung erlangt haben, den feinen Schliff.

Wenn sich dann Umstände einstellen, von denen gewöhnliche Menschen schier erdrückt werden, gehen jene, die das Zen verwirklicht haben, einfach hindurch, weil sie leer sind. Alles ist ihnen ein Tor zur Freiheit.

Falsche Zen-Lehrer

Zen-Lehrer ohne die Methoden der wahrhaft Befähigten täuschen und betrügen unweigerlich die, die sie zu lehren versuchen; sie führen diese in die Irre, indem sie allerlei abwegige Possen treiben.

Angeln

Alle Methoden, Zustände, Aussprüche und Ausdrücke im Zen sind nur dazu da, daß der Suchende auf sie anbeißt. Es kommt aber einzig und allein auf Befreiung an – man hafte nur ja nicht an den Mitteln.

Gemeinplätze

Die alten Zen-Meister haben keine Gemeinplätze und Sinnsprüche in die Welt gesetzt, doch eben dies wurde von späteren Suchern mißverstanden und in einen Gemeinplatz und Sinnspruch verwandelt – sie machten Gemeinplatz aus Nicht-Gemeinplatz und Sinnspruch aus Nicht-Sinnspruch. Sie sollten nicht am Mittel als dem Zweck haften.

Bar und ledig

Wenn dein Herz nicht offen und gelassen ist und nichts dein Fühlen berührt, wie willst du die Dinge dann wahrnehmen, bevor sie zu wirken beginnen, und dich unfehlbar völlig entsprechend verhalten?

Klarheit und Einfalt

Der Zen-Weg erfordert, daß du dein wahres Wesen schaust und die unübertreffliche Wahrheit erfaßt.

Vergiß augenblicklich die Gefühle und löse dich von den Wahrnehmungen, so daß dein Herz klar und dein Geist einfältig ist – kein Vergleich von Gewinn und Verlust, kein Wettstreit von besser und schlechter.

Unbekümmertheit

Geh geradewegs durch alle Wechselfälle des Lebens hindurch und laß nicht zu, daß du dich mit Gedanken an die Gunst oder Ungunst der Lage aufhältst. Schließlich wirst du ganz von selbst das Nichthandeln und die Unbekümmertheit erreichen. Hast du aber auch nur das geringste Verlangen nach Unbekümmertheit, so ist das schon ein Kümmernis.

Stolz

Hast du ein Gefühl von Überlegenheit und bist stolz auf deine Befähigung, so ist das ein großes Unglück.

Begriffe

Das Zen anhand von Begriffen erfassen zu wollen, das ist wie Feuerbohren im Eis, wie Löcher graben, um den Himmel zu sehen. Es läßt nur den Geist ermatten. Sich durch Aneignung von Kenntnissen im Zen schulen zu wollen ist wie Schlamm auf Schmutz häufen, wie Sand in die Augen streuen – es behindert dich mehr und mehr.

Durchbruch zur Freiheit

Menschen von scharfer Klarheit müssen beide Beine auf der Erde haben und brauchen ein eisernes Rückgrat, wenn sie auf ihrem Weg durch die Welt alles als Illusion betrachten, still halten und Meister ihrer selbst sind, nicht menschlichem Empfinden folgen, die Unterscheidung von Ich und anderem durchschlagen und sich aller Verstandesdeutungen des Zen entledigen.

Wenn es dann darum geht, praktisch zu wirken und sich auf die Umstände einzustellen, fallen sie nicht in ausgetretene Bahnen. Mit entschlossener Beharrlichkeit, tiefe Ruhe wahrend, Körper und Geist mit Licht erfüllend, brechen sie mitten im Getümmel der Welt zur Freiheit durch.

Vertrauen und Einsicht

Wenn du dein früheres Wissen und Verstehen preisgeben kannst, wenn du dein Herz offen sein läßt und nichts mehr im Sinn behältst, so daß du eine klare, leere Festigkeit erfährst, wo Rede und Denken keine Gültigkeit haben, so wirst du mit dem Grundlegenden verschmelzen, ins Unendliche einsinken und die innewohnende Weisheit erlangen, die kein Erlangen kennt.

Dies nennt man tiefes Vertrauen und durchdringende Einsicht. Es gibt darüber hinaus eine grenzenlose, grundlose Unermeßlichkeit des Möglichen und des Wirkens, die noch zu erfahren und zu verwirklichen ist.

Vorbeigestolpert

Sobald du das Zen zu erjagen und zu fassen versuchst, bist du auch schon vorbeigestolpert.

Immer weiter

Laß alle Sprüche weg, die du gelernt hast, auch alle Verstandesansichten, die an deiner Haut haften, sich an dein Fleisch klammern. Mache deinen Geist leer, laß keine eigenen Gedanken aufkommen, tu gar nichts. Dann kannst du zu tiefgreifender Zen-Erfahrung kommen.

Doch selbst an diesem Punkt mußt du dir klarmachen, daß es immer weiteres Fortschreiten gibt, das über das Wirken des Meisters hinausgeht.

Direktes Zen

Wenn du von großer Wahrnehmungskraft und Befähigung bist, mußt du dich nicht unbedingt der Betrachtung der Aussprüche und Geschichten von alten Zen-Meistern widmen. Laß nur von dem Augenblick an, da du dich morgens erhebst, die rechte Aufmerksamkeit walten und deinen Geist still sein; und was du auch sagst oder tust, betrachte es sorgsam und sieh zu, woher es kommt und was es ist, das all dies geschehen läßt.

Kannst du inmitten der gegenwärtigen weltlichen Bedingungen [zum Wesentlichen] durchdringen, so gilt das für alle Bedingungen – wozu sie also noch beseitigen?

Dann kannst du über «Zen» und alle einschränkenden Umstände hinausgehen und im Getümmel der Welt auf wunderbare Weise eine Freistätte der Reinheit, Mühelosigkeit und Kühle schaffen.

Nicht-Zwei

Du mußt nicht das Tätigsein in der Welt aufgeben, um mühelose Gelassenheit zu erlangen. Wisse, daß weltliches Tätigsein und mühelose Gelassenheit nicht zwei verschiedene Dinge sind – nur, wenn du an Zurückweisen oder Ergreifen denkst, machst du zwei daraus.

Nicht verweilen

In einer der heiligen Schriften heißt es: «Alle Dinge werden wirklich im Nichtverweilen.»

Eine andere Schrift sagt: «Laß den Geist fließen, ohne bei irgend etwas zu verweilen.»

Ein alter Meister sagt: «Störe dich an nichts und verweile nicht bei irgend etwas, sei es von dieser Welt oder nicht.»

Verweilst du bei etwas, so gerätst du ins Stocken und behinderst deine Wandlung.

Schwere Krankheit

Viele gescheite Menschen fassen das Zen ihren eigenen Anschauungen gemäß auf und sind nicht fähig, davon abzulassen. Sie machen den Geist still, ohne aber ihr wahres Wesen zu erfahren, und glauben, das sei die Leere. Sie versuchen das Dasein preiszugeben, um an der Leere festhalten zu können. Das ist eine schwere Krankheit.

Einbildungen auflösen

Du mußt dich sowohl von Zurückweisung als auch vom Anhaften, vom Sein ebenso wie vom Nichtsein lösen, damit du ledig, vollkommen unbewegt, leer und still, voll Ruhe und Frieden bist.

Dann kannst du diesem wahren, reinen, nicht zu beschreibenden Geist vertrauen, und wenn weltliche Dinge Zuwendung heischen, wirst du bemerken, daß er ihnen nicht folgt.

Das ist nur möglich aufgrund von beharrlichem eigenem Bemühen, leer und frei, das deine Einbildungen auflöst und deine eigene Einsicht herbeiführt.

Vollkommen rund

Wenn du der lückenlosen Gänze, der freien Beweglichkeit und der Grenzenlosigkeit des grundlegenden Geistes gewahr bist – wie könnte er sich mit Gegenständen der Sinne gemein machen? Der grundlegende Geist ist vollkommen frei, offen und rein, klar und alles durchdringend; bleibe seiner stets gewahr und laß keine Oberflächlichkeit zu. Dann ist er so hoch, daß nichts über ihm ist, so weit, daß er keine Grenzen kennt. Lauter und bloß, vollkommen rund – dieser Geist kennt keine Beimischungen, keine Absichten.

Meister Foyan

Kräfte sparen

Die Zen-Übung erfordert, daß man sich vom Denken unabhängig macht. Das ist die beste Art, Kräfte zu sparen. Löse dich einfach vom gefühlsbedingten Denken und sieh klar, daß es keine gegenständliche Welt gibt. Dann wirst du wissen, wie man Zen übt.

Der Geist und die Welt

Einst lebte ein Mönch, der in den buddhistischen Geboten sehr bewandert war und sie sein Leben lang hielt. Einmal war er in der Nacht unterwegs und trat auf etwas Weiches, das unter seinem Fuß zerplatzte. Gleich dachte er, er habe auf einen eiertragenden Frosch getreten. Angesichts des Gebotes, kein Leben zu nehmen, war er zutiefst bestürzt und beunruhigt, und als er in jener Nacht endlich doch schlafen konnte, träumte er von Hunderten von Fröschen, die sein Leben forderten.

Ganz verstört wachte er am Morgen auf, doch dann sah er, worauf er getreten war: eine überreife Eierfrucht. Da war die ganze selbstquälerische Ungewißheit wie abgeschnitten, und zum erstenmal wurde ihm klar, was gemeint ist mit dem Wort, daß es keine gegenständliche Welt gibt. Da wußte er endlich, wie man Zen übt.

Was bist du eben jetzt?

Weshalb erfaßt du dein eigenes Wesen nicht, wenn es doch stets vorhanden ist? Es hat nicht viel auf sich mit dem Buddhismus; zum Wesentlichen kommen, mehr bedarf es nicht.

Wir lehren euch nicht, aufsteigende Gedanken auszulöschen, Körper und Geist zu unterdrücken, die Augen zu schließen und das für Zen zu halten. Zen ist nicht von dieser Art.

Betrachte einfach, was du eben jetzt bist – woher kommt das? Weshalb gerätst du in Verwirrung?

Unterscheidung und Nichtunterscheidung

Gewahre den nichtunterscheidenden Geist, ohne den unterscheidenden Geist zu verlassen; ohne die Wahrnehmung zu verlassen, werde dessen gewahr, was keine Wahrnehmung hat.

Unabhängigkeit

Wozu geht ihr in ein Zen-Kloster? Bestreitet euer Leben aus eigenen Kräften und hört nicht auf das, was andere sagen.

Wer ist es?

Erforsche dein eigenes Schauen, wende dein Denken zurück auf den Geist, der denkt. Wer ist es?

Keine Selbsterkenntnis

Wie ein Auge, das alle Formen sieht, aber nicht sich selbst – so ist dein Geist. Sein Licht dringt überallhin, birgt alles in sich, warum also erkennt er sich selbst nicht?

Zurechtgelegtes

Wenn du dir mit dem Verstand die Dinge zurechtlegst, wirst du es schwer haben, das Zen zu erfassen. Das kannst du erst, wenn du mit dem Zurechtlegen aufhörst.

Manche Leute hören sich solche Worte an und sagen, es gebe da nichts zu sagen und nichts zu durchdenken – und merken gar nicht, daß auch das schon wieder Zurechtgelegtes ist.

Im Kreis herum

Warum verstehst du deinen Herz-Geist nicht? Erst machst du dir eine feste Vorstellung von «deinem eigenen Geist» und dann benutzt du den Geist, um den Geist zu suchen. Das nennt man: einen Bolzen in einen Baumstumpf schlagen und dann im Kreis herumlaufen.

Wiedererkennen

Erleuchtung ist, als wärest du jahrelang von zu Hause fort gewesen und sähest plötzlich deinen Vater im Ort. Du erkennst ihn augenblicklich, ohne jeden Zweifel. Du brauchst niemanden zu fragen, ob er dein Vater ist oder nicht.

Zen-Wahrnehmung

Nur dann kann man dich einen Zen-Schüler nennen, wenn du klar siehst, bevor Zeichen sichtbar werden, bevor das Denken einsetzt und die Ideen sprießen.

Einen Schritt zurücktreten

Tritt einen Schritt zurück und schau genau. Wie trittst du zurück? Nicht, indem du einfach dasitzt und von nichts Notiz nimmst, indem du stocksteif Geist und Körper unterdrückst, daß sie wie Erde und Holz sind – das bringt nichts ein.

Wenn du zurücktreten möchtest: Aussprüche, die du nicht verstehen, Geschichten, die du nicht begreifen kannst, sind direkt vor dir – tritt zurück und sieh selbst, warum du nicht verstehst.

Fragender Zweifel

Wenn du das Zen erfassen möchtest, mußt du dich mit fragendem Zweifel nach innen wenden und es mit aller Eindringlichkeit erforschen. Ist dein fragender Zweifel tief genug, so erscheint die transzendente Weisheit.

Nichts als du

Ein Meister der alten Zeit sah einen Mönch die Treppe hinuntergehen und rief ihn an: «Ehrwürdiger!» Der Mönch wandte sich um, worauf der Meister sagte: «Von der Geburt bis ins Alter ist's nichts als du – wozu den Kopf wenden und das Gehirn in Drehung versetzen?»

Der Mönch kam auf diese Bemerkung hin zu einer Einsicht.

Was ist es, das hier wirkt? «Von der Geburt bis ins Alter ist's nichts als du.» Sag mir, wer ist es? Sobald du die Absicht faßt zu sehen, wer du bist, siehst du dich nicht. Es ist schwer, dich selbst zu sehen, sehr schwierig.

Die Leute sagen heute: «Ich bin ich – wer sonst?» Neunundneunzig vom Hundert sehen das so. Was für ein Begreifen der Sache soll das sein? Wenn du es so auffaßt, wie willst du denn die Frage des «Von der

Geburt bis ins Alter» lösen? Wie willst du sehen, daß es nichts als du ist?

Eigenes Gutdünken

Die heutigen Menschen sind so, wie Menschen schon immer waren, ihre Fähigkeiten sind so, wie sie schon immer waren: mal so, mal so. Ihre Unsicherheit rührt daher, daß sie sich die Worte der alten Meister nach eigenem Gutdünken mit dem Verstand zurechtlegen.

Mißverständnis

Die alten Meister in ihrer Barmherzigkeit haben gesagt: «Handeln ist Buddha-Handeln, Sitzen ist Buddha-Sitzen, alle Dinge sind Buddha-Lehre, alle Laute sind Buddha-Stimme.» Es ist jedoch ein Mißverständnis, wenn man meint, alle Laute seien tatsächlich die Stimme der Erleuchtung, alle Formen seien tatsächlich Formen der Erleuchtung.

Leinen los!

Sobald du erkennend feststellst: «Dies ist es», bist du schon an Händen und Füßen gebunden und kannst dich nicht mehr bewegen.

Sobald du es als «das» erkennst, ist nichts richtig,

was immer es ist. Wenn du dich auf solches Erkennen nicht festlegst, kannst du gerettet werden.

Es ist, als bautest du ein Boot und rüstetest es aus für eine tausend Meilen weite Reise zu einem Schatzort; wenn du einen Pfahl einschlägst und das Boot daran festbindest, bevor du hineinspringst und zu rudern beginnst, kannst du bis ans Ende aller Zeiten rudern und bist doch immer noch am Strand. Das Boot schwankt hin und her, und du glaubst, du kommst voran, aber du hast dich nicht einen Fuß von der Stelle bewegt.

Erkenne dich selbst

Ich fordere die Menschen auf, sich selbst zu erkennen. Manche glauben, damit sei gemeint, was schon Anfänger sehen, und halten es für leicht zu verstehen. Betrachtet es sorgsamer und mit mehr Muße – was ist es, das ihr euer Ich nennt?

Das richtige Mittel, die falsche Anwendung

Der Buddhismus ist eine leicht zu verstehende Lehre, die die Kräfte nicht überfordert, doch die Menschen machen sich selbst allerlei Mühe. Die Alten sahen die Hilflosigkeit der Menschen und lehrten sie, in Stille zu sitzen. Das war ein guter Rat, doch später verstanden die Menschen nicht mehr, was die Alten meinten; sie schlossen die Augen, unterdrückten Körper und Geist und saßen wie

Erdklumpen da, auf die Erleuchtung wartend. Wie töricht!

Subjekt-Objekt

Gegenstände entstehen durch die subjektive Sicht. Da Gegenstände derart willkürlich bestimmt werden, lassen sie eine subjektive Sicht entstehen.

Misch dich nicht ein

Sieh so, daß weder Sehender noch Gesehenes vorhanden ist; höre so, daß weder Hörender noch Gehörtes vorhanden ist; denke so, daß weder Denkender noch Gedachtes vorhanden ist.

Der Buddhismus ist denkbar einfach und kraftsparend. Du selbst bist es, der Kraft vergeudet und sich in Schwierigkeiten bringt.

Ein Schleier aus Licht

Manche ältere Zen-Schüler sagen, sie gingen die Dinge überhaupt nicht mit dem Verstand an, sie berechneten und verglichen nicht, hafteten nicht an Schall und Form, verweilten nicht bei Befleckung und Reinheit. Sie sagen, das Heilige und das Profane, Verblendung und Erleuchtung seien eine einzige klare Leere. Inmitten des großen Lichtes, sagen sie, gebe es nichts dergleichen. Sie sind vom Licht der Weisheit geblendet, haften an der Weisheit. Sie sind unheilbar.

Verzerrte Wahrnehmung

Der Zweite Patriarch des Zen sprach vielerorts öffentlich, und wer ihn hörte, erlangte das rechte Gewahrsein. Er war nicht darauf aus, Sinnsprüche zu verbreiten oder über Ursachen und Wirkungen der Übung und Verwirklichung zu sprechen.

Es gab zu der Zeit einen Meditationslehrer, der einen seiner Hauptschüler aussandte, damit er den Patriarchen aushorchte. Der Schüler kam nicht zurück. Später traf ihn der Meditationsmeister einmal und schalt ihn der Treulosigkeit.

Der frühere Schüler sagte: «Meine Wahrnehmung war recht von Anfang an, doch sie wurde durch einen Lehrer verzerrt.»

Später einmal fragte jemand einen Zen-Meister: «Wo ist meine Wahrnehmungskraft?» Der Meister sagte: «Die bekommt man nicht von einem Lehrer.»

Auf diese Art erlangt man das Zen. Einer der Alten sagte: «Der Weg ist den Menschen immer nahe, doch die Menschen jagen den Dingen nach.»

Umwendung

In den Schriften heißt es: «Wenn du die Dinge umwenden kannst, so ist dies dasselbe wie Erleuchtung.» Wie können die Dinge umgewendet werden?

Geschrieben steht auch: «Alle Erscheinungen sind bloße Einbildung. Kannst du sehen, daß Erscheinungen nicht das gleiche sind wie wahre Eigenschaften, so siehst du, woher Erleuchtung kommt.»

Ein Meister der alten Zeit sagte: «Leugnest du Erscheinungen, wenn du sie siehst, so siehst du nicht, woher Erleuchtung kommt.»

Tritt einfach zurück, bring alle Umtriebe des Geistes zum Stillstand und versuche, der ganzen Tragweite dieser Aussprüche gewahr zu werden. Wenn du plötzlich den Durchblick gewinnst, wie kann dann irgend etwas dich noch beeinflussen?

Nicht Verblendung, nicht Erleuchtung

Erst wenn du wirklich dorthin gelangst, wo weder Verblendung noch Erleuchtung ist, bist du endlich in Frieden und vergeudest keine Kraft mehr.

Dazu mußt du aber jemand sein, der weder Verblendung noch Erleuchtung hat.

Während der vierundzwanzig Stunden des Tages – was blendet und täuscht dich? Du solltest zu einer wahrheitsgemäßen Einschätzung deiner selbst kommen.

Keine Täuschung möglich

Wenn du Zazen übst und in die Versunkenheit eintrittst, sollst du von Sorgen und Problemen frei sein. Sei in deinem Denken vollkommen unabhängig von allen Belangen. Anderen bleibt verborgen, was du da die ganze Zeit treibst. Du spiegelst dich einfach in dir selbst und siehst zu, ob das, was du tust, mit der Wahrheit übereinstimmt oder nicht. Hier ist keine Selbsttäuschung möglich.

Plötzliche Erleuchtung

Wenn du einfach den Geist in den vierundzwanzig Stunden des Tages nicht erregst und keine Gedanken weckst, wirst du urplötzlich umfassende Verwirklichung erlangen.

Suchen, ohne zu suchen

Wenn du suchst – was ist das anderes, als Schall und Form nachzujagen? Wenn du nicht suchst – worin unterscheidest du dich dann von Erde, Holz und Stein? Du mußt suchen, ohne zu suchen.

Such nicht, wo nichts zu finden ist

Nehmen wir an, an die Nase eines Mannes heftete sich ein wenig Schmutz, während er schläft. Wenn er aufwacht, weiß er nichts davon, aber ein unangenehmer Geruch fällt ihm auf, und so riecht er erst einmal an seinem Hemd. Er zieht es aus in der Annahme, der unangenehme Geruch ginge von diesem Hemd aus. Dann aber merkt er, daß alles, was er in die Hand nimmt, übelriechend ist. Er merkt nicht, daß der Geruch an seiner Nase ist.

Jemand sagt es ihm, doch er glaubt es nicht. Den Vorschlag, sich die Nase abzuwischen, weist er zurück.

Wischte er sich die Nase ab, er würde schnell der Wahrheit auf die Spur kommen; doch irgendwann wird er sich das Gesicht waschen, und dann stellt er fest, daß der üble Geruch fort ist. Riecht er an den Dingen, so stinken sie nicht mehr.

So ist auch die Zen-Schulung. Wer nicht haltmacht und den Blick nach innen wendet, wird weiter nach verstandesmäßigen Erklärungen suchen. Dieses Suchen und Vergleichen des Verstandes ist ganz und gar falsch.

Wendeten die Menschen ihre Aufmerksamkeit auf das Ich zurück, sie würden alles verstehen.

Klügelei

Anderswo lassen sie euch arbeiten oder stillsitzen. Ich mache euch hier weder arbeiten noch stillsitzen. Das ist mit geringem Aufwand leicht zu verstehen, warum also versteht ihr nicht? Einfach wegen eurer ewigen Klügeleien. Die machen es euch schwer zu verstehen.

Töpferkunst

Wie ist Übereinstimmung zu schaffen zwischen der gewöhnlichen Wahrnehmung und der tatsächlichen plötzlichen Erleuchtung?

Plötzliche Erleuchtung, das ist, als fände ein Bauer beim Pflügen eine der Pillen der Unsterblichkeit und gelangte mit seiner ganzen Familie in den Himmel, nachdem er sie genommen hat.

Es ist auch so, als würde ein gewöhnlicher Mensch zum Ministerpräsidenten ernannt.

Im Buddhismus sagt man, die gewöhnliche Wahrnehmung sei wie ein ungebrannter Topf, der nicht zu gebrauchen ist. Er muß im Feuer gebrannt werden, bevor man ihn benutzen kann. Das ist wie das Erlangen der Plötzlichen Erleuchtung.

Zen und Erleuchtung

Ich fragte einst meinen Lehrer: «Gibt es wirkende Erleuchtung im Zen?»

Er erwiderte: «Wie wäre es zu erlangen ohne Erleuchtung? Doch suche ohne Hast und Übereifer.»

Nicht zum besten

Daß es mit euch nicht zum besten steht, liegt auf der Hand, denn weshalb sonst solltet ihr bei anderen Gewißheit suchen? Stünde es recht mit euch, welchen Grund gäbe es dann, andere zu fragen?

Gute und mittelmäßige Ärzte

Ich weise nur auf das hin, was recht an euch ist. Wo ihr es verfehlt, werde ich niemals sagen, es sei recht. Ich werde warten, bis ihr recht *seid*. Ich werde euch nur bestätigen, wenn ihr recht seid.

Ich sehe alles. Wenn Leute zu mir kommen, weiß ich gleich, ob sie die Erleuchtung haben oder nicht, ob sie das Begreifen haben oder nicht – wie ein Arzt, der eine Krankheit auf den ersten Blick erkennt und ihre Natur erfaßt und auch gleich weiß, ob sie zu heilen ist oder nicht.

Wer alle Symptome abfragt, um herauszufinden, wo es fehlt, ist ein mittelmäßiger Arzt.

Zen-Schläfchen

Heutzutage gibt es Menschen, die einfach nur so dasitzen. Anfangs sind sie wach, doch nach einer Weile werden sie schläfrig. Neun von zehn sitzen da und dösen. Wenn ihr euch nicht ganz und gar einzusetzen versteht, wie könnt ihr dann erwarten, durch bloßes Herumsitzen zur Einsicht zu gelangen?

Schlafen, essen

Mein Meister sagte: «Wenn du schläfst, übe dich im Schlaf-Zen, wenn du ißt, übe dich im Essen-Zen.»

Nur ein *Buddhismus*

Man hört immer wieder, es gebe zunächst den wahren Buddhismus, dann den Nachahmungs-Buddhismus und schließlich den Überrest-Buddhismus. Ich sage, daß der Buddhismus keine drei Gestalten als wahrer, nachgeahmter und Rest-Buddhismus hat. Buddhismus ist immer in der Welt: Triffst du die Sache, so ist es der wahre; verfehlst du sie, so ist es Nachahmung oder Überrest.

Keine geistigen Bilder

Du sollst in der offenen Weite keine Grenzen ziehen, doch wenn du sagst, offene Weite sei Grenzenlosigkeit, hast du dich in der eigenen Schlinge gefangen.

Deshalb machen jene, die die Leere begreifen, sich kein geistiges Bild von der Leere.

Wenn die Menschen Wörter hernehmen, um den Geist zu benennen und zu beschreiben, erfassen sie ihn nicht, doch wenn sie keine Wörter zur Benennung und Beschreibung des Geistes benutzen, erfassen sie ihn trotzdem nicht.

Kein Geheimnis

Wer die Zen-Erleuchtung verwirklicht, transzendiert Subjekt und Objekt. Darüber hinaus gibt es kein Geheimprinzip.

Bei allen täglichen Verrichtungen: Wenn du Farben siehst, ist dies eine Zeit der Verwirklichung, wenn du Laute hörst, ist dies eine Zeit der Verwirklichung. Wenn du ißt und trinkst, ist auch dies eine Zeit der Verwirklichung. All das sind Gelegenheiten der Verwirklichung, wenn du in allem Subjekt und Objekt transzendierst.

Dies ist keine Sache langer Übung, muß nicht eigens herangezüchtet werden. Es ist stets hier, doch weltliche Menschen erkennen es nicht.

Deshalb heißt es: «Nur durch erfahrene Verwirklichung erkennst du das Unauslotbare.»

Stets offenkundig

Der Weg wird nicht durch Erklärung und Demonstration sichtbar, denn er ist stets ganz von selbst offenkundig.

Erklärung und Demonstration sind Mittel, die angewendet werden, damit du zur intuitiven Einsicht gelangen kannst; sie sind nur Seitenpfade von vorübergehendem Nutzen.

Ob du zur Verwirklichung durch Erklärung oder Demonstration gelangst oder durch das Erspüren aus dem eigenen Gewahrsein heraus das Ziel erreichst, letztlich ist da kein Unterschied, kein Erlangen von anderer Art.

Den Ursprung des Geistes erreichen – nur darauf kommt es an.

Eine heilige Kuh

Heutige Zen-Schüler meinen, der Abtausch von Frage und Antwort sei wesentlich für die Zen-Schule. Sie merken nicht, daß dies ein Festhalten und Zurückweisen ist, welches Einbildungen erzeugt.

Befrage dich selbst

Bevor du das Zen erlangen kannst, mußt du lernen, dich selbst zu prüfen. Geistige Verwirrung bringt die Menschen dazu, sich heftig zu mühen auf dem Weg; sie gehen in die Berge und Wälder, um Lehrer aufzusuchen, weil sie fälschlich annehmen, es gebe da einen besonderen Pfad, der den Menschen Frieden und Trost spenden kann. Sie wissen nicht, daß sie lieber trachten sollten herauszufinden, wo ihre Verwirrung begann.

Wohlfeiles Zen

Viele Menschen glauben heute, das unmittelbare spiegelgleiche Gewahrsein sei der höchste Maßstab. Deshalb sagte ein alter Meister: «Existiert es da, wo keine Menschen sind?»

Alles ist «Es»

Für jene, die auf den Weg gelangen, ist alles «Es». Diese Kraft ist sehr groß.

Was diese Kraft in ihrem Wirken entstellt, ist einzig und allein die Krankheit des endlosen falschen Bewußtseins.

Meister Dahui

Der Bereich der Erleuchtung

Im *Avatamsaka-Sūtra* heißt es: «Willst du den Bereich der Erleuchteten kennen, solltest du deinen Geist klar wie den Raum machen. Löse dich von allen persönlichen Anschauungen und von allem Festhalten, so daß dein Geist unverstellt ist, wohin er sich auch wendet.»

Der Bereich der Erleuchteten ist kein äußerer Bereich mit sichtbaren Zügen; Buddhaschaft ist der Bereich des höchsten Wissens, das man in sich selbst findet.

Du brauchst kein Rüstzeug, keine Praktiken und keine Erkenntnisse, um ihn zu erlangen. Du brauchst dazu nur den Einfluß der mit der Außenwelt zusammenhängenden Gemütsleiden zu bereinigen, die sich seit anfangloser Zeit in deinem Gemüt ansammeln.

Laß deinen Geist offen sein wie der Raum, höre auf, mit dem begrifflichen Bewußtsein Dinge zu ergreifen, und falsche Ideen und Vorstellungen werden gleichfalls sein wie leerer Raum. Dann wird dieser anstrengungslose subtile Geist von selbst unverstellt sein, wohin er sich auch wendet.

Buddha ist überall

Im *Avatamsaka-Sūtra* heißt es: «Sieh den Buddha nicht in einem Phänomen, einem Ereignis, einem Körper, einem Land, einem Wesen – sieh den Buddha überall.»

Buddha heißt erwacht – immer und überall hellwach sein. Den Buddha überall sehen heißt, dein eigenes dir innewohnendes Buddha-Wesen als den Quell deiner selbst zu sehen.

Es gibt keine Zeit, keinen Ort, kein Phänomen, kein Ereignis, keinen Körper, kein Land, keinen Daseinsbereich, worin dies nicht gegenwärtig wäre.

Gedanken abschneiden

Wenn du als Zen-Schüler Menschen begegnest oder mit Gegebenheiten umzugehen hast, laß schlechten Gedanken nicht ihren Lauf. Wenn unversehens ein schlechter Gedanke sich einstellt, so sammle augenblicklich deine Aufmerksamkeit und schneide ihn ab. Wenn du solchen Gedanken nachgehst und in solchem Denken verweilst, verhinderst du nicht nur die Zen-Verwirklichung, sondern machst dich zum Narren.

Keine Bevorzugung

«Spanne nicht den Bogen eines anderen, reite nicht das Pferd eines anderen, kümmere dich nicht um die Angelegenheiten eines anderen.»

Das ist zwar ein allgemeines Sprichwort, aber es kann dir bei der Durchdringung des Zen helfen.

Frage dich einfach ständig, was du von morgens bis abends getan hast, das für andere und dich selbst gut ist.

Bemerkst du irgendeine Bevorzugung, so achte darauf und übersieh sie nicht.

Nicht-Bewußtsein

«Hast du Nicht-Bewußtsein, ist Zen leicht zu finden.»

«Nicht-Bewußtsein» bedeutet im Zen nicht Stumpfheit oder Unwissenheit. Es bedeutet, daß der Geist Festigkeit besitzt und nicht von den Umständen aufgerührt wird, denen er begegnen mag. Es bedeutet, daß der Geist nach nichts greift, in allen Lagen klar, ungehemmt und unbefleckt bleibt und bei nichts verweilt, nicht einmal bei der Unbeflecktheit.

Der Sinn der Stille

Wer sich im Zen schult, soll vierundzwanzig Stunden am Tag innerlich still sein. Wenn du nichts zu tun hast, so übe das Sitzen in Stille, laß den Geist wach und den Körper in Ruhe sein.

Bist du darin gründlich geübt, werden Körper und Geist ganz ohne Zutun friedlich und in Ruhe sein, und nun hat dein Zen Richtung gewonnen.

Dieses Einüben des inneren Schweigens ist nur dazu da, das zerstreute und richtungslose Gewahrsein zu sammeln. Hältst du an der Stille als dem eigentlichen Ziel fest, so wirst du dem falschen Zen der schweigenden Erleuchtung verfallen.

Ungeahnte Möglichkeiten

Gut und Böse kommen aus deinem eigenen Geist. Was aber, abgesehen von deinem Handeln und Denken, nennst du deinen eigenen Geist? Woher kommt dein eigener Geist?

Wenn du wahrhaft erkennst, woher dein eigener Geist kommt, sind zahllose Hindernisse, die du mit deinem eigenen Handeln verursachst, augenblicklich bereinigt.

Danach werden ungeahnte Möglichkeiten aller Art sich dir bieten, ohne daß du sie suchst.

Die natürliche Verfassung

Möchtest du alle Dinge leermachen, so kehre zunächst deinen eigenen Geist aus. Ist dein Geist klar und rein, hören alle Verwicklungen auf.

Sobald die Verwicklungen aufhören, sind die Substanz und das Wirken in ihrer natürlichen Verfassung. «Substanz» ist der klare, reine Quell, dem dein eigener Geist entspringt; das «Wirken» ist deines eigenen Geistes wunderbares Wirken des Wandelns und Erschaffens, das in Reinheit und Beflekkung wirkt, ohne von Reinheit und Befleckung berührt zu werden oder daran zu haften.

Angemessenheit

In der alten Zeit war die Zen-Unterweisung mal abstrakt, mal konkret, mal auf eine bestimmte Zeit ausgerichtet, mal transzendent. Es gab überhaupt keinen festgelegten Maßstab.

Echtes Zen

Wenn du glaubst, es gebe bestimmte Formeln, die als besondere Geheimnisse übermittelt werden, so ist dies nicht das echte Zen.

Das echte Zen hat keine Übermittlung. Es ist in den Menschen, die es erfahren, die einander darin erkennen und sich ohne Worte austauschen können.

Nicht in der Stille, nicht im Lärm

Zen ist weder in der Stille noch im Lärm der Welt. Es ist nicht im Denken und Unterscheiden und nicht im Umgang mit den Dingen des Alltags. Um dich aber im Zen zu schulen, ist es sehr wichtig, daß du dich von Stille und Lärm, von Denken und Unterscheiden und vom Umgang mit den Dingen des Alltags nicht einfach abwendest. Wenn deine Augen sich öffnen, wirst du sehen, daß alle diese Dinge dein eigenes Wirken sind.

Schlechtwetter-Zen

Viele Menschen, die sich im Zen schulen, sind voller Feuereifer, solange es um ihre weltlichen Belange schlecht steht, aber geben Zen auf, sobald sie in der Welt Erfolg haben.

Frieden und Stille

Wenn du Frieden und Stille von Geist und Körper erlangt hast, so bleib dort nicht stehen. Sei unabhängig und frei wie eine Kürbisflasche, die mit dem Fluß wogt und tanzt.

Lebendiges Zen

Um die Zen-Erleuchtung zu erlangen, ist es nicht notwendig, Familie und Arbeit aufzugeben, Vegetarier zu werden, Askese zu üben und sich in die Stille zu flüchten, um sich schließlich in einer Geisterhöhle des toten Zen den eigenen Einbildungen zu überlassen.

Heruntergekommenes Zen

In neuerer Zeit sind Zen und Buddhismus furchtbar entartet. Es gibt unfähige Lehrer, denen im Grunde die Erleuchtung fehlt und auf deren sprunghaftes Bewußtsein kein Verlaß ist. Ohne wirkliche Befähigung nehmen sie Schüler an und bringen einem jeden bei, so zu sein wie sie.

Stille Meditation

Wenn du dich in der stillen Meditation geübt hast, dein Geist aber in äußerer Geschäftigkeit trotzdem nicht in Ruhe und frei ist, so bedeutet dies, daß deine stille Meditation dich nicht mit Kraft aufgeladen hat.

Wenn du dich im Stillsein geübt hast, nur um alle Unruhe loszuwerden, wird dein Geist von äußerer Unruhe genauso aufgerührt, als hättest du nie die stille Meditation geübt.

Himmel und Hölle

Die Menschen sind schwer von Begriff – das wahre Selbst nicht kennend, laufen sie den Dingen nach, erleiden freiwillig unermeßliche Schmerzen in ihrer Gier nach ein bißchen Lust. Am Morgen, noch bevor sie die Augen öffnen und sich aus dem Bett erheben, halb wach erst, flattert ihr Geist schon umher, sich an irgendwelche beliebigen Gedanken heftend. Zu gutem oder bösem Handeln konnte es noch gar nicht kommen, und doch haben Himmel und Hölle sich schon in ihrem Herzen gebildet, bevor sie auch nur das Bett verlassen. Wenn sie an ihr Tagwerk gehen, ist die Saat von Himmel und Hölle ihrem Geist schon eingepflanzt.

Sagte nicht der Buddha: «Alle Sinnesvermögen sind Gefäße, die euer eigener Geist manifestiert. Äußere Gegenstände sind Manifestationen der Einbildungen eures eigenen Geistes. Diese Manifestationen sind wie das Strömen eines Flusses, wie Samen, wie eine Kerzenflamme, wie der Wind – sie vergehen von Augenblick zu Augenblick. Fiebrige Betriebsamkeit, das Lechzen nach unreinen Dingen und unersättliche Gier sind die Ursachen der sinnlosen und irreführenden Gewohnheiten, die sich offenbar endlos fortsetzen wie ein unentwegt sich drehendes Wasserrad.»

Wenn du dies wirklich erfaßt, dann weißt du, was es heißt, daß die Dinge kein Selbst-Wesen haben. Du weißt, daß Himmel und Hölle nirgendwo sonst sind als im Herzen des halb Erwachten, der gerade aufstehen will; sie kommen nicht von außen.

Während du aufwachst, solltest du also wirklich achtsam sein. Und in dieser Achtsamkeit sollst du nicht gegen irgend etwas, das in deinem Geist gerade vorgeht, anzukämpfen versuchen. Beim Kämpfen vergeudest du Kraft. So sagt auch der Dritte Patriarch: «Wenn du Bewegung anhalten möchtest, um zur Stille zurückzukehren, wird das Ringen um Stille die Bewegung verstärken.»

Wenn du inmitten der weltlichen Anforderungen

des täglichen Lebens Kraft sparen kannst, so wächst dir eben hier Kraft zu, erlangst du eben hier Buddhaschaft, verwandelst du eben hier Hölle in Himmel.

Zen-Schwätzer

Es gibt Gelehrte, die in allem bewandert zu sein glauben, nur eben im Zen noch nicht. Also holen sie sich ein paar unfähige alte Mönche, geben ihnen zu essen und lassen sie reden, was ihnen gerade in den Sinn kommt. Dann schreiben sie dieses Gestammel auf und machen es zur Grundlage ihrer Beurteilung anderer. Sie lassen Sprüche los und nennen das Zen-Gefecht. Sie glauben im Vorteil zu sein, wenn sie das letzte Wort behalten.

Wenn sie einem begegnen, der wirklich Augen hat, bemerken sie es nicht einmal. Und selbst wenn sie die Echten erkennen, behalten sie sich ihre Zweifel vor und hüten sich, bei diesen Lehrern aufrichtig nach echtem Begreifen zu suchen. Wie zuvor wollen sie nichts weiter als Anerkennung. Wenn diese Meister dann zeigen, wie das wahre Zen-Wirken in allen Lebenslagen aussieht, wagen es diese Gelehrten nicht, sich zu nähern.

Abkürzungen

Wenn du im Zen auch nur mit einem einzigen Gedanken daran denkst, eine Abkürzung zu suchen, steckst du mit dem Kopf schon im Leimtopf.

Nutzen

Viele Menschen haben heute einen Nutzen im Sinn, wenn sie sich im Zen schulen – das ist fürwahr eine irrige Anschauung von etwas, das ohne irrige Anschauung ist.

Mach einfach nur deinen Geist frei. Sei nicht zu sehr gespannt und nicht zu locker – auf diese Art sparst du unendlich viel geistige Kraft.

Befreiung

Länger als die Menschen sich zurückerinnern können, sind sie schon dem begrifflichen Bewußtsein hörig; sie schwimmen dahin in den Wellen von Geburt und Tod, und es gelingt ihnen nicht, unabhängig zu sein. Wenn sie Geburt und Tod verlassen wollen, um frohen Herzens lebendig zu sein, müssen sie den Lauf des begrifflichen Bewußtseins entschlossen abschneiden.

Sekten

Im Zen gibt es keine Sekten mit unterschiedlichen Lehrmeinungen, doch wenn Schüler keinen klaren, festen Willen haben und es den Lehrern an klarem, umfassendem Wirken gebricht, werden Wege eingeschlagen, die verschieden zu sein scheinen. In dem aber, was Zen eigentlich ist, sind keine derartigen Unterschiede.

Vergangenheit, Gegenwart und Zukunft

Der Buddha sagte: Wenn der Geist nicht an Dingen der Vergangenheit haftet, sich nicht nach Dingen der Zukunft sehnt und nicht bei Dingen der Gegenwart verweilt, so erkennt man, daß Vergangenheit, Gegenwart und Zukunft leer sind.

Denk nicht über vergangene Ereignisse nach, seien sie gut oder schlecht, denn wenn du über sie nachdenkst, wird das ein Hindernis auf dem Weg. Versuche nicht, Künftiges zu berechnen, denn wenn du berechnest, verfängst du dich in Wahngebilden. Hefte deine Aufmerksamkeit nicht auf Gegenwärtiges, sei es unangenehm oder angenehm, denn heftest du deine Aufmerksamkeit darauf, wird es deinen Geist verwirren.

Geh nur mit allem so um, wie es sich gerade zuträgt, und du wirst ohne weiteres Zutun mit allem in Übereinstimmung sein.

Meister Hongzhi

Wesensschau

Um Zen in seiner ganzen Tiefe zu erfahren, mußt du den Geist klären und dich in die stille Übung des inneren Schauens versenken. Gewinnst du die völlig ungehinderte Einsicht in den Ursprung des Wirklichen, so ist es offen und formlos wie Wasser im Herbst, klar und hell wie der Mond, der das Dunkel der Nacht fortnimmt.

Sieh selbst

Der Geist haftet ursprünglich nicht an den Dingen, das Wirkliche hat im Grunde keine Erklärung. Deshalb sagte ein Zen-Meister der alten Zeit: «Unsere Schule hat keine Wahlsprüche, keine Lehre, die sie den Menschen geben könnte.» Letzten Endes kommt es darauf an, daß die Menschen selbst hingelangen und selbst sehen, was es damit auf sich hat – erst dann können sie darüber sprechen.

Wahre Wirklichkeit

Spüle einfach den Staub und Schmutz des vom Ich beherrschten Denkens augenblicklich fort. Sind Staub und Schmutz fortgespült, so ist dein Geist offen, hell leuchtend, ohne Grenzen, ohne Mitte und Ende. Vollkommen ganz, von Licht strahlend, leuchtet er durch das Universum und durchschneidet Vergangenheit, Gegenwart und Zukunft.

Dies liegt in dir und kommt nicht von außen. Man nennt es den Zustand der wahren Wirklichkeit. Wer das erfahren hat, der kann aufgrund des wunderbar eindringlichen und von Natur aus ungehemmten subtilen Wirkens die verschiedensten Möglichkeiten wahrnehmen und sich auf die verschiedensten Umstände einlassen.

Kein Unterschied

Seit der Zeit des Buddha und der Patriarchen ist nie ein Unterschied gemacht worden zwischen ordinierten Menschen und Laien: Wer unabweisbare eigene Erfahrung von wahrer Verwirklichung hat, der ist in die Schule des erleuchteten Geistes eingetreten und in den Ursprung der Religion eingedrungen.

Jenseits von Sein und Nichts

Wenn du leer und von mühelosem Gewahrsein, lauter und von natürlicher Klarheit bist, erlangst du allumfassendes Bewußtsein, ohne dich um ein Erfassen der Wahrnehmung zu bemühen, und bist ohne die Bürde des bedingten Denkens des unterscheidenden Begreifens fähig. Du gehst über Sein und Nichts hinaus und transzendierst alles Fühlen. Dies erfährt man nur in der Einswerdung – es ist nicht von einem anderen zu bekommen.

Über die Buddhas hinaus

Das Leben derer, die das Zen verwirklicht haben, ist ungezwungen und frei beweglich – wie Wolken, die Regen bringen, wie der Mond in einem Bach, wie eine Orchidee an verborgenem Ort, wie der Frühling in den Lebewesen. Ihr Handeln ist frei von Ichbewußtsein, und doch sind sie in ihrem Antworten nicht regellos. So handelt, wer das Zen verwirklicht hat.

Es ist auch notwendig, zum Ursprung zurückzukehren, das Reich des Friedens zu betreten, ins Reich der Reinheit einzutauchen und ganz für sich allein, ohne Gefährten, den Weg in seiner ganzen Länge und über die Buddhas hinaus zu gehen. Erst dann kannst du die Mitte und die äußersten Ränder ganz erfassen, zur äußersten Spitze und zum tiefsten Grund vordringen und in vollkommener Freiheit töten und Leben machen, einrollen und ausbreiten.

Herbst und Frühling

Ist die Zen-Übung ganz ausgereift, so gibt es weder Mitte noch Ende, weder Ränder noch Ecken. Sie ist dann vollkommen rund und reibungslos.

Es ist auch notwendig, leer, offen und unbefleckt zu sein, denn «die klare Herbstmondkälte, ihr strahlendes Licht wäscht die Nacht. Brokatwolken blühen allerliebst, die Luft verwandelt sich in Frühling».

Das Licht des Geistes

Wenn die Wahrnehmung von Gegenständen dich nicht blendet, siehst du, daß alle Dinge das Licht des Geistes sind. Mit jedem Schritt gehst du – auf dem Pfad des Vogels – über alle Grenzen hinaus, nirgends dich aufhaltend. Mit Klarheit, mit ungezwungen offenem Gewahrsein gehst du auf die Welt ein.

Unmittelbares Wissen

Alle Phänomene werden vom Geist hervorgebracht. Ist der eine Geist still, so enden alle Erscheinungen. Was ist dann das andere, was ist das Ich?

Weil es dann keine unterschiedenen Erscheinungen gibt, wird nichts umgrenzt, nicht ein einziger Gedanke erzeugt – du brichst durch zu dem, was du vor der Geburt und nach dem Tod bist, der Geist wird ein Punkt subtilen Lichts, rund und reibungslos, ohne Ort, ohne Spuren. Dann kann dein Geist nicht verdunkelt werden.

Diesen Ort, wo keine Verdunkelung sein kann, nennt man unmittelbares Wissen. Und eben diesen Bereich des direkten Wissens nennt man das ursprüngliche Erlangen. Nichts, nicht das mindeste, wird von außen erlangt.

Zen-Meisterschaft

Das Handeln und Ruhen derer, die das Zen gemeistert haben, ist wie die ziehenden Wolken – ohne Ichbewußtsein; es ist wie der volle Mond – überall gespiegelt. Menschen, die Meisterschaft im Zen erlangt haben, werden von nichts aufgehalten: Inmitten aller Dinge bleiben sie doch frei von allen Dingen; sie sind je nach den Umständen wechselnden Erfahrungen ausgesetzt, doch sie werden davon nicht angesteckt und nicht darin verwickelt.

Alles ist Zen

Wenn du die Leerheit aller Dinge erfaßt und diese Leerheit erreicht hast, bist du von allen Bewußtseinszuständen unabhängig und in jeder Lage vollkommen frei. Das ursprüngliche Licht ist überall, und du paßt dich dem an, was sich gerade bietet – alles, was dir begegnet, ist Zen.

Aller Umstände auf subtile Weise gewahr, bist du

doch leer und nimmst keine vom Ich bestimmte Haltung ihnen gegenüber ein. Du bist in klarer, lichter Übereinstimmung mit allem – wie der Wind in den Kiefern, wie der Mond im Wasser. Dein Geist kennt kein Kommen und kein Gehen, und du hältst dich nicht bei Erscheinungen auf.

Das Wesentliche ist, innerlich offen und anpassungsfähig zu sein und äußerlich ohne Hast auf die Dinge einzugehen. Sei wie der Frühling, der die Blumen blühen läßt, wie ein Spiegel, der Bilder widerspiegelt, und du wirst über allen Tumult erhaben sein.

Randlos, nahtlos

Wenn du «die Sonne am Tage und den Mond in der Nacht siehst» und dich nicht täuschen läßt, bist du in der Verfassung, die für Zen-Menschen die normale ist – von Natur aus ohne Ränder, ohne Nähte. Möchtest du diese Art der Natürlichkeit erreichen, so mußt du dem kaum merklichen Schmieden und Weben in deinem Geist ein Ende bereiten.

Erleuchtetes Gewahrsein

Buddhas und Zen-Meister sind nicht verschieden in ihrer Verwirklichung; sie alle erreichen den Punkt des Aufhörens, wo Vergangenheit, Gegenwart und Zukunft abgeschnitten sind, wo alle unwillkürlichen Strebungen enden und nicht die Spur von

Gegenstand mehr ist. Das erleuchtete Gewahrsein ist von spontanem Leuchten und dringt auf verschwiegene Weise zum Grund vor.

Die Haut abstreifen

Die Erfahrung, die als das Abstreifen der Haut beschrieben wird – die Überlegungen des ichhaften Gewahrseins übersteigend, unerreichbar für alles, was der Geist aushecken kann –, wird nicht von den Weisen übermittelt. Sie ist nur innerlich durch tiefe Erfahrung der spontanen Erleuchtung zu erlangen. Das ursprüngliche Licht vertreibt die Finsternis, wahre Erleuchtung spiegelt das Unendliche wider. Subjektive Anschauungen von dem, was ist oder nicht ist, sind ganz und gar transzendiert.

Meister Ying-an

Zen-Geist

Der Geist des Zen-Adepten ist gerade wie eine Bogensehne, wie ein langes Schwert vor dem Himmel, alle Verwirrung durchtrennend, wo auch immer er sein mag. Äußerer Reichtum und Stand, Hochmut und Ausschweifung, weltliche Begierden und all die Höhen und Tiefen des Lebens berühren ihn nicht. Ruhm und Gewinn, Urteile von richtig und falsch, all die Wechselfälle des Lebens stellen für ihn keine Falle dar.

Freiheit

Wenn du durchbrichst, kann niemand dich mehr festnageln und niemand dich zurückrufen.

Beklagenswerte Krankheiten

Manche Menschen gelangen zu einer Einsicht und hocken dann unverrückbar darauf, so daß ihre Wahrnehmung nicht frei ist. Sie reden von Geheimnissen und Wunderdingen, predigen allerlei Seitenwege und wiegen sich in dem Glauben, daß sie damit den Menschen helfen. Sie zerstören das Zen.

Dann gibt es eine Sorte von Menschen, die Gemütsruhe und Gleichmut pflegen, so daß sie sich an Körper und Geist ein wenig leichter und ruhiger fühlen; dann sitzen sie wie besessen im Menschenleeren. Hören sie andere von guten Dingen sprechen, werden sie ungehalten und ärgerlich und halten dagegen, im Zen gebe es im Grunde nichts zu erklären.

Dies nannte ein alter Zen-Meister eine Krankheit, der es allenthalben an Klarheit gebricht, in der aber etwas gegenwärtig zu sein scheint. Eine höchst beklagenswerte Krankheit.

Es gibt jene, die diese Anschauung gewinnen und dann alles leugnen – es gibt keine Buddhas, keine Zen-Meister, keine Weisen. So stellen sie alles in Abrede, tun, was ihnen gerade beliebt, und nennen das «ungehindertes Zen».

Dies nannte ein anderer Meister «eine umfassende Erfahrung der Leere haben, dann die Wirkungen der Ursachen leugnen, hemmungslos werden und die Katastrophe herbeiführen».

Dann gibt es noch solche, die an der dumpfen Stille haften und von nichts Notiz nehmen. Nachdem sie die Speisen der Gemeinschaft zu sich genommen haben, sitzen sie wie tot da und warten auf die Erleuchtung.

Solche Menschen sind wie Tonklumpen in windschiefen Hütten tief in den Bergen und Wüsten. Sie mögen sich einbilden, sie seien buddhistische Meister von unwandelbarer Weisheit, doch sie verbrauchen einfach nur die Almosen der Gläubigen.

Echte Zen-Schüler verlassen sich niemals auf eine

Zuflucht dieser Art; ihre Wahrnehmung ist ungebunden, und sie haben in sich ein Leben, das sich über alles selbstgemachte «Zen» hinwegsetzt.

Der erste Schritt

Der Anfang deiner eigenen Entwicklung liegt in dir selbst; bei einer tausend Meilen weiten Reise ist der erste Schritt der wichtigste. Gelingt dir beides, so wird sich der unübertreffliche Sinn Hunderttausender von Lehren erschließen.

Himmelsrichtungen

Im Zen blicken deine Augen nach Südosten, während deine Aufmerksamkeit im Nordwesten ist. Es ist nicht durch Nicht-Bewußtsein zu suchen, es ist nicht durch Bewußtsein zu verstehen. Es ist nicht durch Sprechen zu erreichen, es ist nicht durch Schweigen zu erfassen.

Zuviel Eifer

Zen hat nichts, was man ergreifen könnte. Wenn Menschen, die sich im Zen schulen, das nicht sehen, so liegt es an ihrem Übereifer.

Möchtest du das Zen ohne Mühen erfassen, so sei einfach vierundzwanzig Stunden am Tag ohne alles

Ich-Bewußtsein, bis du ganz natürlich eins wirst mit dem Weg.

Bist du eins geworden mit dem Weg, so ist kein Innen, kein Außen und kein Dazwischen mehr zu finden – du erfährst eine unbewegte Leere, vollkommen unabhängig.

Dies nannte einer der Großen der alten Zeit: «Der Geist berührt nicht die Dinge, die Schritte werden nirgendwohin gesetzt.»

Kein endgültiges Zen

Am Anfang wurde das Zen von außergewöhnlichen Menschen verwirklicht und bewahrt, denn weniger klarsichtige, von ihren Gefühlen beherrschte Menschen können es weder wirken noch halten. Alle die alten Meister waren einzigartig in ihrem Sprechen und Handeln – nie bereit stehenzubleiben, als gebe es ein endgültiges Zen.

Ein Unwägbares

Vor allem meide alle vorgefaßten Anschauungen von Zen, auch die, daß Zen «Nicht-Anschauung» sei.

Es ist wie beim Erlernen der Bogenschießkunst: Irgendwann erreichst du den Punkt, wo Ideen enden und Gefühle vergessen werden, und dann triffst du plötzlich ins Schwarze.

Des weiteren solltest du auch wissen, daß es da ein

Unwägbares gibt, welches das Ziel durchbricht, und dies spontan erlangt wird.

Woher alles kommt

Zen ist nicht durch Vorträge, Erörterungen und Debatten zu erlangen. Nur Menschen von großer Wahrnehmungskraft können es klar erfassen.

Aus diesem Grund vergeudeten die Alten nicht einen Augenblick. Auch wenn sie nicht bei einem Meister vorsprachen, um bestimmte Wahrheiten zu klären, widmeten sie sich echter Zen-Übung und erlangten schließlich auf natürliche Weise eine reife Gelassenheit. Sie verfingen sich nicht in den trügerischen Erscheinungen der Welt.

Kannst du das auch, so wirst du irgendwann plötzlich das Licht deines Geistes umwenden und alle Täuschungen durchschauend das wahre Selbst erblicken. Dann wirst du verstehen, woher alles kommt – die Leidenschaften und Einbildungen der Welt, die stoffliche Welt, Form und Leere, Licht und Dunkel, Prinzip und Wesen, das Geheimnisvolle und Wunderbare.

Hast du dies klar erfaßt, so wird nichts mehr dich einfangen und festhalten können, sei es weltlich oder überweltlich.

Laß einfach los

Es gibt zwei Arten von Zen-Schülern, die nicht loslassen mögen. Die einen sind am Beginn ihrer Suche keinem echten Meister begegnet, fielen dem Feuer falscher Lehrer anheim, und von deren Gift durchdrungen glauben sie dann, ihre Zen-Schulung sei fertig.

Die anderen schließen sich Zen-Gemeinschaften an und nennen sich Zen-Schüler, aber eigentlich fehlt ihnen die richtige Grundlage. Sie eignen sich einfach an, was sie hören, möchten gern dafür bekannt sein, sind darauf aus, sich selbst zu beweisen und sagen, Zen sei nur eben dies.

Menschen dieser beiden Arten sind sterbenskrank, es sei denn, sie erkennen irgendwann ihren Irrtum und lassen ab davon.

Doch wovon eigentlich sollen solche Menschen loslassen? Laßt einfach die Bürde des «andere» und «ich» los, die Gedanken an Gewinn und Verlust, richtig und falsch, Buddha und Buddhismus, Geheimnis und Wunder.

Laßt ihr solchermaßen los, so empfindet ihr Körper und Geist als licht und unbeschwert, durch und durch rein innen und außen. Dann ist euer Herz allezeit klar. In einem kühlen Blitz der Einsicht gewinnt ihr die Freiheit.

Nun seid ihr bereit für den feinen Schliff. Bleibt ihr einfach bei der einmal gewonnenen Einsicht und haltet sie für das Ganze, so haftet ihr doch an etwas. Von allen Konventionen freie Zen-Menschen sind da ganz anders.

Dauerschnupfen

Wenn gereifte Menschen den Lauf von Geburt und Tod abschneiden wollen, müssen sie aufgeben, was ihnen teuer war, so daß ihre Sinne nackt und bloß werden. Eines Tages werden sie die Einsicht erlangen, und die Straße von Geburt und Tod wird zu Ende sein.

Wenn du dies nicht wirklich übst, sondern auf allerlei Verstandeserkenntnis aus bist und dies für das Wunder der Selbst-Verwirklichung hältst, werden dein Schüttelfrost und dein Fieber vom Wind der Verstandeserkenntnis geschürt; deine Nase wird stets verstopft, dein Kopf stets vernebelt sein.

Totenlampen-Zen

Wer das Zen erlernen will, der erlerne das Zen einer einsamen Lampe im Sterbezimmer.

Setze dir keine Zeit in der Vorstellung, daß du das Zen ganz bestimmt dann und dann verwirklicht haben willst.

Nachahmungs-Zen

Manche Menschen gehen in die Irre, weil sie nicht begreifen, was «Methode» im Zen bedeutet. Manche halten das Wandanstarren für großartig, andere meinen, vollkommene Stille sei das Mittel der Mittel, und wieder andere denken, literarisches Schaffen bedeute Wandlungsfähigkeit.

Ohne Kraftaufwand

Das Zen zu leben ist der kürzeste Weg; dabei ist nicht der geringste Kraftaufwand erforderlich, um Erleuchtung und Zen-Meisterschaft zu erlangen, wo du gerade bist.

Weil aber die Zen-Schüler so begierig suchen, meinen sie, es müsse ein besonderes Prinzip geben, und so wollen sie sich aufgrund ihrer vorgefaßten Anschauungen ein Bild davon machen.

Auf diese Weise lassen sie sich von den Schlichen des empfindenden und denkenden Bewußtseins in etwas hineinziehen, das erzeugt ist und vergehen wird. Sie klammern sich an dieses erzeugte, vergängliche Gesetz oder Prinzip, diese Regel oder Lebensweise und sehen etwas Letztgültiges darin. Das ist ein schwerer Fehler.

Deshalb heißt es: «Sprich nicht über die wahre Wirklichkeit mit etwas Erzeugtem und Zerstörbarem im Sinn.»

Unheilbar krank

Manche Zen-Schüler beharren darauf, daß ihre vom eigenen Ich gefärbten Anschauungen letzte Wirklichkeit und höchste Wahrheit seien, und sie glauben nicht, daß es noch etwas Besseres geben könnte. Unterzieht man sie aber einer echten Zen-Prüfung, so wissen sie nicht mehr aus noch ein.

Dies geschieht, wenn sie keinem echten Meister begegnen und ihr Erkennen nicht verfeinert wird.

Sie hocken in einem Nest aus Gewinn und Verlust, fürchten nur, in Unruhe versetzt zu werden und ihr Zen zu verlieren.

Andere behaupten, ihre Anschauungen seien völlig zutreffend, und wenn ein erfahrener Meister ihnen sagt, daß dem nicht so ist, so sagen sie, das sei einfach eine List, mit der sie in die Falle gelockt und verunsichert werden sollen.

Diese hoffnungslos Verblendeten bleiben stehen, wenn sie gerade mal bis zum Stillhalten gelangt sind. Das ist eine verhängnisvolle Krankheit, von Natur aus unheilbar. Allen Suchenden sei geraten, sich vor ihr in acht zu nehmen.

Kein innen oder außen

Wenn die Essenz des Sehens überall ist, so ist es auch die Essenz des Hörens. Wenn du klar die Zehn Richtungen durchdringst, gibt es kein innen und außen. Das ist gemeint mit dem Wort: «Unter allen Bedingungen mühelos, im Handeln wie im Stillsein wirklich.» Solches Handeln ist das Wirken der vollkommen wirklichen Weisheit.

Größe

Die Zen-Meister der alten Zeit dachten nicht mit einem einzigen Gedanken daran, große Menschen zu werden. Nur so erlangten sie die Herrschaft über Leben und Tod, und danach kam die Größe von selbst.

Läßt du auch nur einen einzigen Gedanken an Zen-Meisterschaft zu, so verbraucht sich darin all dein Vermögen, und du kannst nicht mehr wachsen.

Anerkennung

Heutige Zen-Schüler, wenn sie einem geachteten Meister begegnen, fragen nicht mehr, was zu tun ist – sie wollen nur hören, daß sie einige Einsicht besitzen. Es ist ihnen eine Wonne, Anerkennendes zu hören, doch sie merken nicht, daß sie mit dem Schwelgen in dieser Wonne Ungemach auf sich ziehen.

Die Meister der klassischen Zeit

Die alten Meister waren Menschen, die vor allem losgelassen hatten.

Wo sie auftauchten, da bestürzten sie den Himmel und ließen die Erde verschwinden.

Wie kam es, daß sie so waren?

Einfach dadurch, daß ihr Denken in seinem letzten Grund richtig war und sie nicht falschen Lehrern oder Scharlatanen und Blendern in die Falle gingen; ihre innere Haltung ließ kein Grüppchendenken zu, und über alle herkömmlichen Maßstäbe waren sie erhaben.

Sie ließen sich nicht wahllos mit jedermann ein, und sie verweilten nicht bei Nebensächlichkeiten.

Die Frage von Leben und Tod war ihnen stets das Wichtigste, doch hegten sie dabei nicht den Gedanken, daß es etwas gibt, was stirbt oder nicht stirbt.

Von dieser Art war das Wirken der Alten. Hier kommt es auf klare Durchdringung und volle Anwendung an.

Danach ist man reif für die wirklich bis zur Wurzel dringende Zen-Schulung, damit man nicht inmitten unüberschaubarer Veränderungen und Entwicklungen doch noch irregeht.

Und solange man sich noch auf der Stufe befindet, wo der Geist noch «halb dunkel, halb licht, halb klar und halb verregnet» ist, kann man natürlich nicht «allein in der leeren Weite wandeln», wenn man es auch gern möchte.

Kein Halt, kein Ankerplatz

«Erleuchtung ist jenseits der Worte, und kein Mensch hat sie je erlangt.»

Ein Meister der alten Zeit sagte: «Zen hat den Menschen keine Lehrsätze und auch sonst nichts zu geben.»

Ein anderer Meister sagte: «Ich mag das Wort ‹Buddha› nicht hören.»

Sieh nur, wie sie Sand und Steine schleudern. Das schon kann die Menschen blenden. Suchst du immer noch einen lebendigen Pfad auf einem Stock oder einen gültigen Ausdruck in einem Schrei, so ist das, als fingest du eine Ratte und suchtest in ihrem Maul nach Stoßzähnen.

Deshalb wahrten die alten Zen-Meister eine bestimmte Verfassung, in der nicht eine einzige Minute des Tages vergeudet wurde.

Und diese Verfassung mußt du wahren, bis nirgends mehr ein Halt, nirgends mehr ein Ankerplatz ist.

Dann laß los und mach dich leer und still, klar und gelassen, bis alte Deutungen und Erklärungen, falsche Erkenntnisse und Wahrnehmungen nicht mehr in deinen Geist gelangen und ihn nicht mehr beeinflussen können.

Dies ist die entscheidende Abkürzung auf dem Weg. Tu es, und eines Tages wirst du klar erkennen, was wirklich der Fall ist, wo du gerade bist.

Wie ein Berg

Zen erfordert einen entschiedenen und starken Willen, denn du wirst ohne Unterlaß deine sechs Sinne zu läutern haben, so daß du selbst in allen Strapazen und Freuden der Welt wie in einem reinen, nicht durch Mittel und Maßnahmen gewirkten Reich großer Befreiung sein wirst.

Standhaft und in Ruhe wie ein gewaltiger Berg, bist du nicht mehr durch Begierden oder äußere Bedingungen zu erschüttern, Störungen und Schwierigkeiten halten dich nicht mehr auf.

Dies ist eine Abkürzung des Weges durch entschlossenes Bemühen.

Der verborgene Geist des Zen

Wenn du den verborgenen Geist des Zen sehen möchtest – das ist sehr leicht. Tritt einfach zurück und wende, was du auch gerade tun magst, alle Kraft auf, um seiner gewahr zu werden – auch beim Essen, Trinken und Reden, ja in allen noch so hohen Anforderungen, die der Umgang mit der Welt an dich stellt.

Meister Mi-an

Der lebendige Pfad

Alle Menschen haben ihren eigenen lebendigen Pfad zum Himmel. Solange sie ihn nicht gehen, sind sie wie Betrunkene, die einen Weg nicht vom anderen unterscheiden können.

Setzen sie aber den Fuß auf diesen Pfad und verlieren ihre Verwirrtheit, so ist es von da an ihre eigene Sache, wohin sie sich wenden – sie müssen sich nicht mehr nach den willkürlichen Weisungen anderer richten.

Ganz lebendig

Erst wenn du ganz lebendig bist und nicht mehr gefangen und eingesperrt werden kannst, hast du eine gewisse Unabhängigkeit. Dann kannst du den ganzen Tag lang in der gewöhnlichen Welt sein, ohne daß sie Einfluß auf dich gewinnt.

Anerkennung

Viele beschäftigen sich mit Zen, begegnen aber nur Lehrern, die ohne klare Schau der Wahrheit sind. Sie legen sich die Dinge nach ihrer eigenen Sicht zurecht und nehmen ihre subjektive Auslegung von Zen-Aussprüchen für letzte Wahrheit. Sie wollen anerkannt sein als solche, die das Zen erfaßt haben. Das ist eine sehr schlimme Krankheit.

Hindernisse

Wenn Menschen sich eifrig im Zen schulen, aber trotzdem nicht Erleuchtung finden, kann das an mancherlei Hindernissen liegen.

Es kann sein, daß sie im Morast der Zen-Sprüche steckenbleiben.

Es kann sein, daß sie wie erstarrt in einer Sphäre staunenswerter Wunderdinge sitzen.

Es kann an der leeren Nicht-Form liegen.

Es kann daran liegen, daß man immer nur Zen oder Buddhismus im Sinn hat.

Es kann daran liegen, daß man sich um der Erleuchtung willen über die Verblendung hinwegsetzen möchte.

Es kann daran liegen, daß sie am Anfang keinem wahrhaft erleuchteten Meister begegnet und dadurch in ein Dickicht von Schlingpflanzen geraten sind.

Nicht nur Anfängern begegnen solche Schwierigkeiten. Sogar Zen-Meister der alten Zeit, die den Geist zutiefst erfaßt und Einsicht in sein wahres Wesen gewonnen hatten, verwirklichten zwar den ursprünglichen Zustand, erfaßten aber trotzdem nicht die ganze Wahrheit.

Von ganz oben bis ganz unten

Die Zen-Abkürzung besteht darin, das Gegenwärtige sich selbst zu überlassen und den Zustand vor der Geburt, vor der Aufspaltung der Ganzheit, unmittelbar zu erfahren.

Hast du das erreicht, so bist du wie der Drache im Wasser, wie der Tiger in den Bergen. Überall bist du klar und in Ruhe, überall bist du frei, Leben zu geben oder zu nehmen, überall kannst du nun «den Wind entfesseln und das Gras erzittern lassen». Du haftest nicht an Taten und sitzt nicht tatenlos herum.

Das ist wie das Schneiden und wie das Färben eines Garnstranges – ist ein Faden geschnitten, sind alle geschnitten, ist einer gefärbt, sind alle gefärbt. Von ganz oben bis ganz unten ist alles eine riesenhafte Pforte der Befreiung. Jetzt sind die Wahrheiten des Buddhismus und die Dinge der Welt eins geworden – wo wäre da ein äußeres Ding, das ein Hindernis darstellte?

Meister Xiatang

Der eine Ursprung allen Gewahrseins

Im *Sūtra des Grenzenlosen Lichts* heißt es: «Flüsse, Seen, Vögel, Bäume und Wälder beschwören Buddha, Wahrheit und Einheit.»

In einem Augenblick des Gewahrseins ohne Unterscheidung erscheint große Weisheit. Das ist wie Wasser ins Meer gießen, wie im Wind den Blasebalg treten.

Außerdem, wie unterscheidest du? «Buddha» ist ein einstweiliger Name für das, was nicht zu sehen ist, wenn du schaust, was nicht zu hören ist, wenn du lauschst, und dessen Woher und Wohin nicht zu finden ist, wenn du suchst.

Es durchzieht Form und Schall, erfüllt Himmel und Erde, durchdringt oben und unten. Da ist keine zweite Anschauung, keine zweite Person, kein zweiter Gedanke. Es ist überall und in allem – nicht etwas Äußeres.

Deshalb wird der eine Ursprung allen Gewahrseins «Buddha» genannt.

Dieser Ursprung ändert sich nicht, wenn der Körper zerfällt, er ist immer da. Und doch kannst du nicht gebrauchen, was immer da ist. Weshalb nicht? Wie das Sprichwort sagt: «Goldstaub ist kostbar, doch wenn er in die Augen gerät, schadet er.»

Buddhaschaft ist wunderbar, doch bist du besessen davon, so wird sie eine Krankheit.

Ein früher Zen-Meister sagte: «Es ist nicht Geist, es ist nicht Buddha, es ist nicht Dinge – was ist es?» Damit ist alles gesagt. Damit besitzen wir das Diamantschwert, das alle Besessenheit durchschlägt.

Ein anderer alter Meister sagte: «Der kleinste verstrickende Gedanke kann zu höllischem Handeln führen, ein aufblitzendes Gefühl kann dich endlos anketten. Beende einfach alles gewöhnliche Fühlen, und da ist keine besondere Wahrnehmung der Weisen mehr zu suchen – die Wahrnehmung der Weisen erscheint da, wo alles gewöhnliche Fühlen endet.»

Vergessen

Um ein Buddha sein zu können, mußt du zuerst die Saat der Gewohnheit entschlossen durchbrechen und dann Ursache und Wirkung eingedenk sein, so daß du vor unrechtem Handeln zurückschreckst. Laß alle Gegenstände des Geistes hinter dir, beende alles Grübeln. Laß weder gute noch schlechte Gedanken in dein Denken ein, vergiß den Buddhismus ebenso wie die Dinge der Welt. Laß Körper und Geist fallen – wie über den Rand eines Abgrunds. Sei wie der Raum: ohne subjektive Gedanken über Leben und Tod zu erzeugen, ohne Zeichen der Unterscheidung. Was für Anschauungen du auch haben magst, schneide sie ab, laß sie nicht sich weiterspinnen.

Meister Yuansou

Die krönende Meditation

Wenn du nicht wirklich hinhörst, wirst du die Glocke einen Topf nennen und unweigerlich Irrtum auf Irrtum häufen und über «Buddha», «Zen-Meister», «Geist» und «Essenz» reden. Was ist das anderes, als eine Wunde in gesundes Fleisch zu schneiden?

Echte Zen-Schüler richten ihr Augenmerk ausschließlich auf den Zustand vor der Formung des Embryos, wenn noch keine Zeichen zu unterscheiden sind. Dies öffnet und klärt den Geist, so daß er das gesamte Universum durchdringt. Dann sind sie nicht verschieden vom Buddha und vom Patriarchen.

Dafür gebraucht man Namen wie die krönende Meditation, das Juwel, das alle Farben widerspiegelt, das unerschöpfliche Schatzhaus, das Tor zu spiritueller Macht, das Diamantschwert, der geduckte Löwe, das lodernde Feuer.

Dann gibt es nichts mehr im Universum, sei es weltlich oder überweltlich, was dir Gegenstand, Gegensatz, Schranke oder Hindernis sein könnte.

Geschickte Mittel

Berge, Flüsse und die Erde, Gräser Bäume und Wälder senden Tag und Nacht stets ein feines, kostbares Licht aus, senden stets einen feinen, kostbaren Klang aus und legen allen Menschen die unübertreffliche Wahrheit dar.

Nur weil du sie eben da, wo du gerade bist, verfehlst oder ihr ausweichst, wenn sie vor dir steht, bist du nicht in der Lage, ihren wirklichen Nutzen zu erlangen.

Deshalb entstand der Buddhismus mit seinen geschickten Mitteln und klugen Darlegungen, mit seinen Lehren vom Einstweiligen und vom Eigentlichen, vom Plötzlichen und vom Allmählichen, vom Halben und vom Vollen, vom Unvollständigen und vom Vollständigen. Das sind einfach Mittel, mit denen man Kinder vom Quengeln abhält.

Es

Die in der schweigenden Stille meditieren, betrachten schweigende Stille als etwas Endgültiges, doch Es ist nichts, was in der Stille ein Ende besäße. Die von Meisterschaft in aller Geschäftigkeit sprechen, geben sich mit Meisterschaft in der Geschäftigkeit zufrieden, doch Es ist nichts, woraus Befriedigung in der Geschäftigkeit zu ziehen wäre. Die aus den Schriften lernen, betrachten die Schriften als grundlegend, doch Es ist nicht aus den Schriften zu lernen. Die mit Lehrern und Gefährten zusammenarbeiten, betrachten dies als tiefen Quell, doch Es ist nicht zu erlangen durch die Arbeit mit Lehrern und Gefährten.

Es ist formloses, unzerstörbares Sein, das schon immer wie ein in einer Quelle verborgener Fisch war, der Wellen aufwirbelt und für sich allein tanzt. Suchst du Es im Osten, geht es nach Westen; suchst du Es im Süden, geht es nach Norden. Es kann jedermann Namen geben, doch niemand kann Es benennen. An allen Orten und zu allen Zeiten ist Es der Meister der Myriaden Formen, Lehrer der Myriaden Phänomene.

Der eine Weg hinüber

Der «eine Weg hinüber» ist so ungeheuer weit wie der kosmische Raum mal zehn. Er ist nicht mit dem Geist zu suchen, er ist nicht durch Nicht-Geist zu erlangen. Er ist nicht durch Worte zu erreichen, er ist nicht durch Schweigen zu verstehen. Für den einzelnen ist entscheidend, fest im Glauben zu sein und durchzudringen bis dahin, wo der Embryo noch nicht geformt ist und wo noch keine Zeichen zu unterscheiden sind.

Die Höhen und Tiefen durchmessend, allen Fallen entkommend, alle Zeit umspannend, gänzlich ohne Anhaften und Widerwillen, in jeder Hinsicht frei – wenn du die große Unabhängigkeit erlangst, hast du ein gewisses Maß an Übereinstimmung mit dem einen Weg hinüber.

Gibst du dich mit unterschiedlichen Auffassungen von Lehrern ab oder siehst die Verschiedenheit der Menschen, so läßt du dich von blinden Lehrern dazu verführen, Buddha, Dharma, Zen, Tao, Rätsel, Wunder, Vorgänge und Zustände zu vergegenständlichen. Dies klebt dir die Zunge fest, nagelt dir die Augen zu und schnürt dir das Herz ein.

Wie wenn Öl ins Mehl gerät, wirst du dies nicht mehr los, bis du schließlich ein Kobold oder ein leichenfressender Dämon bist, der allerlei «Lichter» aussendet und «übersinnliche Kräfte» besitzt, und meinst, du habest in der Welt nicht deinesgleichen. Dies ist gemeint mit dem Wort: «Unsere Wahrnehmung ist ursprünglich recht, doch sie wird von Lehrern entstellt.»

Befreiung

Dieses unausdenkliche Tor der großen Befreiung ist in einem jeden. Es ist niemals versperrt gewesen und hat nie zu wünschen übriggelassen. Buddhas und Zen-Meister sind mit vielen geschickten Mitteln und Methoden in der Welt erschienen; sie haben eingebildete Arzneien gegen eingebildete Krankheiten angewandt, weil ihr von ungleichen Anlagen seid, weil euer Erkennen unklar ist, weil ihr beim Sehen und Hören nicht transzendiert, was ihr seht und hört, weil eure Verblendung und die emotionalen Anschauungen und eingefleischten Vorstellungen von anderen und vom Ich, von richtig und falsch euch endlos im Meer des Leidens herumwirbeln.

Die verschiedenen Lehren und Methoden der Buddhas und Zen-Meister wurden nur dazu dargelegt, daß ihr – ein jeder für sich – in euch selbst zurücktreten und euren eigenen ursprünglichen Geist, euer eigenes wahres Wesen erfassen könnt und einen Zustand der großen Ruhe, des großen Friedens und des großen Glücks erreicht.

Schlechte Gewohnheiten

In Wurzel und Stamm eurer eigenen Seele ist eine Ansammlung schlechter Gewohnheiten. Wenn ihr sie nicht durchschauen und euch von ihnen unabhängig machen könnt, werdet ihr unweigerlich irgendwo unterwegs steckenbleiben.

Keine Anstrengungen

Im Buddhismus ist nirgendwo Raum für Anstrengungen. Alles ist hier ganz natürlich: Du ziehst Kleider an, um dich warm zu halten, du ißt, um den Hunger zu stillen – das ist alles. Versuchst du, darüber nachzudenken, ist es nicht das, worüber du nachdenkst. Versuchst du, es dir zurechtzulegen, ist es nicht das, was du zurechtlegst.

Selbstgemachte Religion

Buddhistische Lehren sind Verordnungen bei bestimmten Krankheiten; sie sollen deine zwanghaften Gewohnheiten mit der Wurzel ausrotten und deine emotionalen Anschauungen hinwegfegen, damit du frei und klar, nackt und rein und ohne Probleme sein kannst.

Eigentlich ist da gar keine Lehre, über der du zu brüten hättest. Wenn du nicht an dich selbst glauben magst, nimmst du dein Bündel auf und läufst umher zu anderer Leute Häuser, um das Zen zu suchen, das Tao zu suchen, Mysterien zu suchen, Wunder zu suchen, Buddhas zu suchen, Zen-Meister zu suchen, Lehrer zu suchen.

Du glaubst, es sei die Suche nach dem Höchsten, und du machst es zu deiner Religion, doch es ist, als liefest du blind nach Osten, um etwas zu bekommen, was im Westen ist. Je mehr du läufst, desto weiter entfernst du dich, und je mehr du dich eilst, desto später bist du dran. Du erschöpfst dich nur selbst, und zu welchem Nutzen am Ende?

Kein Zen

Der Geist von Menschen des Weges ist gerade wie eine Bogensehne. Weil sie nicht belastet sind mit Ideen von anderen und vom Ich, von richtig und falsch, von heilig und profan, von besser und schlechter, weil sie frei sind von Täuschung, Falschheit, Schmeichelei und Verschlagenheit, gewinnen sie spontan Zugang zur Substanz des Geistes, der bei nichts verweilt.

Im Grunde ist da kein anderer, kein Ich, kein gewöhnlich, kein heilig, kein Geist, kein Buddha, kein Ding, kein Zen, kein Tao, kein Mysterium, kein Wunder.

Nur durch einen Augenblick des subjektiven Unterscheidens, des Anhaftens und Zurückweisens, wachsen plötzlich lauter Hörner an deinem Kopf, und du wirst von den Zehntausend Dingen unentwegt hierhin und dahin gezerrt und kannst nicht frei und unabhängig sein.

Gedanken zur Wissenschaft der Befreiung

Jemand bat einen der frühen Zen-Meister, ihn einen Weg zur Befreiung zu lehren.

Der Meister sagte: «Wer bindet dich?»

Der Freiheitssucher sagte:

«Niemand bindet mich.»

Der Meister sagte: «Wozu dann Befreiung suchen?»

Den menschlichen Geist von den hemmenden Einflüssen zu befreien, die in der hypnotischen Wirkung seiner eigenen Ausgeburten liegen – das ist die Essenz des Zen. Einerseits geht es dabei um die Befreiung des Geistes von unangenehmen und unnötigen Beschränkungen, andererseits um die Freisetzung des «großen Potentials und großen Wirkens», die in einem unbekannten Bewußtseinsbereich jenseits dieser Begrenzungen ungenutzt bereitstehen. Die frühen Zen-Meister griffen die Lehre des Buddha auf, daß Befreiung – und nicht Tradition oder Konvention – das entscheidende Kriterium der spirituellen Verwirklichung ist.

Unfreiheit wird in unserer Zeit eher unter sozialen, politischen und ökonomischen Gesichtspunkten definiert; emotionale, intellektuelle und andere weniger ins Auge springende Formen der Unfreiheit werden als Auswirkungen der gröberen Formen von Unterdrückung aufgefaßt. Unfreiheit wird also überwiegend als etwas durch die äußeren

Umstände Verhängtes gesehen und ihre inneren Auswirkungen als Anpassungsreaktion auf die äußeren Bedingungen.

Der Buddhismus sieht demgegenüber den Geist selbst als den eigentlichen Ursprungsort der Unfreiheit, ob sie nun offenkundig selbstgemacht oder scheinbar von anderen herbeigeführt ist. Sollte dies zutreffen, so wäre damit zugleich auch erklärt, weshalb soziale Befreiungs- und Reformbewegungen, die bei den Symptomen der Unfreiheit und Ungerechtigkeit ansetzen, niemals zu durchgreifenden und anhaltenden Erfolgen führen: Sie gehen nicht an die Wurzel des Übels. Die Geschichte erzählt von politischen Freiheitskämpfern, die selbst Unterdrücker wurden, von Organisationen zum Schutz des Rechts, die zu Usurpatoren des Rechts wurden, von Institutionen, die nach außen hin die Befreiung des Menschen von der Unwissenheit zum Ziel hatten, dann aber kaum mehr waren als Erfüllungsgehilfen bei dem Projekt, das Bewußtsein irgendeiner herrschenden Meinung anzupassen.

Nach der Zen-Auffassung kann sogar die Suche nach Freiheit selbst – sei sie psychologisch, politisch oder religiös motiviert – zur Fessel werden. Der Buddhismus bejaht entschieden, daß wirkliche Freiheit möglich ist, allerdings um den Preis auch der Abkehr von eben den Mythen und Illusionen, die zunächst die Suche nach Freiheit beflügelten. Für Buddhisten ist der Geist Ursprung der Unfreiheit, aber zugleich auch Ursprung der Erleuchtung. Sie glauben, daß unausdenkliche Möglichkeiten der Erfüllung im Geist schlummern, die aber nicht sichtbar werden können, solange wir von den Belangen und Sorgen des äußeren Lebens so ganz und gar in Anspruch genommen sind.

Wer bindet uns? Der Buddhismus sagt, daß wir und selbst in das Netz unserer individuellen und kollektiven Ideen, Worte und Taten einschnüren, und das gilt für alles, von der persönlichen Neurose bis zur Massenunterdrückung, vom selbstverursachten Leiden bis zu dem, was wir unserem Nächsten antun. Dahinter stehen geistige Grundhaltungen, auf die schwer der Finger zu legen ist, die aber der Treibstoff dieser Ideen, Worte und Taten sind und für ihren Fortbestand sorgen.

Abgesichert durch ihre eigene Subjektivität, sind diese inneren Grundhaltungen kaum kritisch zu hinterfragen; wo sie sich zu charakteristischen Neigungen entwickeln und verfestigen, beginnt die Unfreiheit, beginnt das, was man im Zen «sich ohne Seil fesseln» nennt.

Im Zen gilt, daß alle Formen der Unfreiheit auf ein und dasselbe Problem zurückzuführen sind, eine fundamentale Verwirrung. In der klassischen Ausdrucksweise des Zen ist hier von der Verwechslung des Dieners mit dem Herrn oder des Gastes mit dem Hausherrn die Rede. Auch krasse Formen der Unfreiheit, wie etwa die politische und ökonomische Versklavung ganzer Völker, verdanken ihr Entstehen und die Neigung, sich zyklisch zu wiederholen, dem Umstand, daß das Bewußtsein von Ideen, Worten und Taten beherrscht ist. Der Buddhismus weiß um die Anfälligkeit des Bewußtseins für Suggestion und Konditionierung, daher die Aufforderung: «Sei Herr des Geistes, anstatt vom Geist beherrscht zu werden.»

Der Buddhismus räumt ein, daß über absolute Objektivität nichts gesagt werden kann, doch er strebt nach größtmöglicher Objektivität bei der Erkenntnis des Menschen, einer Objektivität, die frei ist von all der Voreingenommenheit, die menschliche Beziehungen zunichte macht und die Menschheit daran hindert, sich so zu sehen, wie sie ist. Zu diesem Zweck untersucht der Buddhismus die Beziehung zwischen Subjektivität und Objektivität aus jedem nur denkbaren Betrachtungswinkel, um das Äußerste dessen zu erreichen, was an Erkenntnis des Wirklichen und Wahren möglich ist.

Erst wenn man diese Höhe der Einsicht erreicht hat, ist echte Zen-Freiheit möglich. Man mag sich befreit fühlen, während man sich in Wirklichkeit aber nur etwas Neuem zugewendet hat und von diesem dann wieder so abhängig ist wie vom Alten. Man mag sich als Gerechter fühlen, wo man lediglich recht zu haben meint und im Grunde auch nichts anderes will als dieses Gefühl. Man mag auch froh sein, irgend etwas zu tun, zu bedenken und zu bereden zu haben, auch wenn es einen nicht wirklich befriedigt oder fördert; man ist dann, wie es im Zen heißt, vollgestopft, aber nicht satt. Man mag auch durch einen Gewissensimpuls zum Handeln gedrängt sein, erreicht aber das Vorgestellte und Angestrebte nicht, weil man sich nicht zur Höhe jenes Willens und Wissens aufschwingen kann, von dem der Impuls nur ein ferner Widerhall ist. Zen unterzieht die psychologischen und spirituellen Hintergründe solcher entgleister Ansätze einer schonungslos genauen Betrachtung, denn es zielt auf wirkliche Freiheit und nicht auf ein schönes Bild von Freiheit.

Es ist eine der ältesten Einsichten des Zen, daß eben das, was die Menschen bewegt und treibt – sei es ökonomischer, politischer, sozialer, psychologischer oder religiöser Natur –, die Befriedigung der eigentlichen Bedürfnisse und Sehnsüchte letztlich verhindert. Nicht, daß es überhaupt falsch wäre, Bedürfnisse, Sehnsüchte und Ziele zu haben; was aber eine echte Erfüllung verhindert, ist der Umstand, daß der Mensch aufgrund einer bereits vorhandenen Konditionierung nicht sehen kann, worum es wirklich geht, sondern nur seine Vorstellung davon.

Dies ist der entscheidende Gesichtspunkt für den im Zen gesuchten Zugang zur Freiheit. Die Fesseln der Armut und Unterdrückung sind dem äußeren Auge sichtbar, und es ist nicht schwer, Sympathie für die davon Betroffenen zu empfinden. Häufig aber sind Menschen und Völker in Ketten geschlagen, die ihnen lieb und wert sind. Wie ein Zen-Meister sagt, fällt es den Menschen schwer, etwas Falsches zu sehen an dem, was sie mögen, und etwas Gutes zu sehen in dem, was sie nicht mögen. Vorlieben und Gewohnheiten, die den Menschen in diesem Sinne angenehm sind, mögen zwar einiges an Behaglichkeit bieten, schneiden sie aber tatsächlich von der Möglichkeit ab, sich zu entwickeln und Erfüllung zu finden.

Einen der Faktoren, die echte gesellschaftliche und individuelle Entwicklung behindern, haben das

Zen und sein uralter Vorläufer, der Taoismus, längst benannt: der Wunsch nach raschen sichtbaren Ergebnissen. Zahllose Beispiele haben gezeigt, daß Hast im gesellschaftlichen und politischen Bereich ebenso fatale Folgen hat wie im psychologischen Bereich – Depression, Unmut, Bedauern und Wünsche verschlingen schließlich alles, was vorübergehend gewonnen worden sein mag. Was dann übrigbleibt, wenn die Emotionen sich erschöpft haben, ist eine Sammlung von Rationalisierungen, die in sich selbst so unproduktiv sind wie die Emotionen allein.

Es wird zum Beispiel immer wieder gefragt, weshalb es immer noch Hungersnöte und Massenunterdrückung gibt, obgleich wir über gewaltige Überschüsse und bestens durchdachte Rechts- und Regierungssysteme verfügen. Bei der Suche nach einer Antwort auf diese Rätselfrage wird ein politischer Denker vielleicht gegensätzliche materielle Interessen und den Einfluß marktbeherrschender Kräfte unter die Lupe nehmen. Ein Sozialwissenschaftler könnte Theorien vorbringen, die die rückläufige Entwicklung sozialer Strukturen auf Eigentümlichkeiten der Kultur und Geschichte zurückführen. Vom Zen-Standpunkt aus jedoch müßte man den ganzen Bedingungszusammenhang unvoreingenommen betrachten, ohne irgendein Element aufgrund von Neigung oder Abneigung hervorzuheben oder unberücksichtigt zu lassen.

Um sehen zu können, was in einer gegebenen Situation tatsächlich möglich ist, muß der Erleuchtung Suchende sich von allen aufgepfropften Idealen und von sentimentalem Mitgefühl freimachen. Dies ist ein Teil dessen, was man im Zen den «großen Tod» nennt, der den Geist des Zen-Schülers vollkommen leerfegt und ihn unpersönlich und unvoreingenommen sehen läßt, was da wirklich ist; nur dann kann er, frei von der Last alter Illusionen, das Leben frisch beginnen.

Eine der Lieblingsillusionen unserer Zeit ist der Glaube, Freiheit sei durch entsprechend gestaltete Organisations- und Regierungssysteme zu schaffen und zu sichern. Vom buddhistischen Standpunkt aus wäre dagegenzuhalten, daß selbst dann, wenn ein politisches System einer bestimmten Lage eher gerecht wird als ein anderes, nicht an der Tatsache vorbeizukommen ist, daß Systeme von Menschen gemacht und von Menschen betrieben werden: In jedem System hängt der Zustand der Gesellschaft letztlich vom Entwicklungsstand des einzelnen ab.

Die Ausrichtung des Buddhismus auf die individuelle Befreiung, sogar in Schulen, deren erklärtes Ziel die kollektive Befreiung ist, hat zu dem Mißverständnis Anlaß gegeben, daß er eine gesellschaftlich passive, ja sogar eskapistische Religion sei. Diese Haltung liegt dem Buddhismus jedoch fern, auch wenn Passivismus und Eskapismus zweifellos als Verfallsformen bestimmter Praktiken vorkommen. Vielmehr wird dem Gemeinwohl größte Bedeutung beigemessen, auch in Schulen, die in erster Linie auf die individuelle Befreiung ausgerichtet sind: Die individuelle Befreiung ist Voraussetzung für das Wohl der Gesellschaft, da sie Konfliktpotential ausschaltet und den Menschen ermöglicht, unabhängig von persönlichen Ambitionen für das Wohl anderer zu wirken.

Nach buddhistischer Auffassung ist auch ein Akt schlichter Großzügigkeit nicht echt, solange er noch von persönlichen Gefühlen gefärbt ist, sei es auch nur das Bedürfnis zu geben oder die Befriedigung des Gebens. Das heißt allerdings nicht, daß Buddhisten alles gemeinschaftliche Handeln zurückstellen, bis wirkliche Selbstlosigkeit erreicht ist; es heißt aber, daß sie dieses Handeln nicht dazu mißbrauchen, dem allzu menschlichen Empfinden Befriedigungen zu verschaffen. Das Handeln ist für sie ein Mittel der Erkenntnis, und die Erkenntnis wiederum muß das Handeln leiten. Das *Avatamsaka-Sūtra*, einer der grundlegenden und einer der fruchtbarsten Texte des universalistischen Buddhismus, enthält ein Kapitel «Über die Zehn Stufen» (der Bodhisattvaschaft), worin es heißt, daß ein Bodhisattva, wenn er die Stufe der Vervollkommnung der Meditation erreicht, «das tut, was den Lebewesen zum Wohl gereicht» – was auch immer dazu erforderlich sein mag. Unter den Aktivitäten, die hier genannt werden, befinden sich auch Schreiben, Unterrichten, Mathematik, Naturwissenschaft, Medizin, darstellende Künste, Technik, Gartenbau und Psychologie.

In weiten Teilen Asiens hat der Buddhismus im kulturellen, gesellschaftlichen, ökonomischen und politischen Bereich seine Spuren hinterlassen. Seine Leistungen auf dem Gebiet der schönen und angewandten Künste, der Literatur, der Philosophie, der Medizin und des Erziehungswesens sind relativ gut bekannt. Buddhisten spielten auch vielfach eine hervorragende Rolle, wenn es um die Urbarmachung von Land und um die Pflege von Land, Gewässern und Rohstoffquellen ging; sie waren an der Entwicklung des Geldwesens, des Handels, des Handwerks, des Gastgewerbes, der Kommunikationsmittel, der Druckkunst beteiligt und sorgten für die Verbreitung von Schriften. Buddhisten trugen auch Regierungsverantwortung, grundsätzlich auf allen Ebenen, vorzugsweise aber in der lokalen Verwaltung; sie intervenierten jedoch auch von außen, erwirkten gelegentlich Massenamnestien für politische Gefangene oder führten sogar bewaffnete Aufstände gegen Gewaltherrschaften an. Nicht zuletzt eröffneten sie den Frauen einen gesellschaftlich akzeptablen Weg, das Recht auf Ehescheidung auszuüben, und schufen in den clanorientierten Gesellschaften Asiens die ersten öffentlichen Einrichtungen für Waisen.

Dieses soziale Wirken der Buddhisten in der Vergangenheit wird von Abendländern leicht übersehen, denn sie halten für selbstverständlich, daß solche Aktivitäten von lautstarker Öffentlichkeitsarbeit begleitet sind und vor allem offizielle oder quasioffizielle Institutionen und Organisationen ins Leben rufen. Der Buddhismus aber geht davon aus, daß alle Dinge stets im Fluß sind, und so richtet er sein Augenmerk auf lokale und spezifische, also unmittelbar gegenwärtige, konkrete Belange, auch wenn er dabei die universalen Prinzipien und die eigentliche Bestimmung des Menschen nicht aus dem Auge verliert. Das Zen ist hier besonders strikt in der Ablehnung aller Bemühungen, «das Gute» oder «das Heilige» zu institutionalisieren – zu leicht kommt es zu einem sentimentalen Haften an solchen Ideen, und von diesem Anhaften ist es nur ein Schritt zur Heuchelei.

Der Buddhismus konfrontiert den einzelnen und die Gesellschaft insgesamt mit dem Problem von Ich und Geist und läßt keinerlei Eskapismus zu – weder die Flucht in Nihilismus und Quietismus noch das Eintauchen in Bewegungen mit vorgegebenen Ideen, Aktivitäten und Interessen, in denen ein Anhänger der Bewegung «sein Ich vergessen» kann. Die buddhistische Literatur enthält viele Warnungen vor der Verführungs- und Blendungsmacht solcher Bestrebungen, der Frage von Ich, Geist und wahrer Wirklichkeit auszuweichen. Leider werden jedoch vielfach gerade die eskapistischen Ansätze als «der Buddhismus» angesehen und nicht als Abweichung erkannt, weil sie besonders ins Auge springen und sich natürlich auch als Buddhismus ausgeben.

Der erste Schritt des buddhistischen Zugangs zur Befreiung besteht darin, den Ursprung der Unfreiheit aufzudecken. Im Zen heißt es: «Die Antwort liegt in der Frage», und die Kunst des richtigen Fragens ist der Schlüssel zum Zen. Es heißt allerdings auch: «Die Frage liegt in der Antwort», und hierin zeigt sich, daß es nicht genügt, die Antwort zu kennen; die Antwort muß vielmehr im konkreten Leben angewendet und umgesetzt werden, und die Frage lautet also, wie die Antwort in den Situationen des Lebens laut werden kann.

Das *Dhammapada*, vielleicht das älteste schriftliche Zeugnis der Lehren des Buddha, bietet in seinen Eröffnungsworten eine klassische Formulierung des Problems der Unfreiheit, und wir sehen hier deutlich, wie Frage und Antwort einander enthalten:

> Alles beruht auf dem Geist, ist vom Geist geleitet, vom Geist gemacht. Sprichst oder handelst du mit einem verunreinigten Geist, so wird das Leiden dir folgen, wie die Räder des Ochsenkarrens den Trittspuren des Ochsen folgen. Alles beruht auf dem Geist, ist vom Geist geleitet, vom Geist gemacht. Sprichst und handelst du mit einem reinen Geist, so wird das Glück dir folgen, wie der Schatten sich an eine Form heftet.

Das *Avatamsaka-Sūtra*, wohl der vielseitigste und umfassendste Text des Buddhismus, gestaltet dieses Grundthema weiter aus: «Der Geist ist wie ein Künstler, er kann die Welten malen.» Das Sūtra schildert auch, was für Welten der Geist «malen», also erschaffen kann:

> Manche Länder haben kein Licht; sie sind finster und voller Furcht, voller Schmerzen wie von Wunden, die Waffen schlagen. Wer sie sieht, der leidet selbst... Manche Welten sind entsetzlich, erfüllt von großem Schmerzgeheul, von bitteren, harten Stimmen, jeden erschreckend, der sie hört... In manchen Ländern sind stets die himmlischen Laute von Gottheiten, die reinen Klänge

der Himmelssphären oder die Stimmen der Herren dieser Länder zu hören.

In seinem «Zehn Stufen»-Kapitel beschreibt das *Avatamsaka-Sūtra* genauer, wie die Entwicklung zum Negativen zustande kommt:

> Durch beständiges Abgleiten in falsche Anschauungen aufgrund von Verfinsterung des Geistes durch Unwissenheit, durch aufgeblasenen Stolz, durch Vorstellungen, durch das Haften an Wünschen, die sich im Netz des Begehrens fangen, durch Hoffnungen, die durch Handlungen im Gestrüpp von Betrug und Treulosigkeit verfolgt werden, durch von Neid und Eifersucht gefärbte Taten, die eine weltliche Einstellung erzeugen, durch das Anhäufen von Taten voller Leidenschaft, Haß und Torheit, durch das Lodern der von Verblendung genährten Geist-Flammen, durch die Bindung von Samen in Geist, Verstand und Bewußtsein an die Ströme der Lust, des Daseins und der Unwissenheit – durch all das erzeugen die Menschen die Keime künftigen Lebens in der Welt.

Im Laufe der Jahrhunderte hat das Zen eine Wissenschaft der Freiheit entwickelt, die sowohl dic subtilen, aber erkennbaren, als auch die groben, aber vergleichsweise unbedeutenden psychologischen Grundlagen von Beschränkung und Entwicklung behandelt. Diese Wissenschaft war allerdings keine Neuschöpfung der Zen-Schulen; das Zen erbte ja gleichsam all das, was in Indien, Zentralasien und Südostasien bei der Suche nach der Freiheit des Geistes bereits gefunden worden war. Je nach den Umständen blieb aber die Wissenschaft der Freiheit stets mehr oder weniger esoterisch, und dies vor allem aus drei Gründen: Erstens ist sie aufgrund ihrer Natur für den bedingten Geist schwer zu erfassen; zweitens besteht die Möglichkeit des Mißbrauchs; und drittens wurde sie natürlich von denen, die als Angehörige der besitzenden und herrschenden Klasse an der Wahrung von Ideologien und Bräuchen interessiert waren, als Bedrohung empfunden.

Der Tradition folgend, haben Generationen früher Zen-Meister die Prinzipien und Praktiken dieser Wissenschaft überprüft und in einem gewaltigen Schatz von Anekdoten, Aphorismen und dichterischen Werken niedergelegt, die alle den Sinn hatten, die Wissenschaft zu bewahren und ihrem Zweck, der Befreiung des Geistes, zu dienen. Ein wenig Zen ist in allen Schulen des Buddhismus, und ein wenig von allen Schulen des Buddhismus ist im Zen zu finden; die theoretischen und methodischen Unterschiede mögen noch so groß sein, wo das Ziel der Befreiung realisiert ist, kann in der Essenz keine Verschiedenheit sein.

Die symbolische Zen-Sprache vom Geist entstand in ihren Grundzügen in den ersten drei bis vier Jahrhunderten nach der Einführung des Zen in China. Viele der grundlegenden Lehren und Betrachtungsweisen des Zen wurden in Geschichten und ganzen Gruppen von Geschichten über die frühen Zen-Meister niedergelegt. Da ist zum Beispiel die Gestalt des unergründlichen Baozhi, eines wandernden Meditationsmeisters von außergewöhnlicher Verwirklichung, dessen Lehrmethode überwiegend aus symbolischen Handlungen und lakonischen Bemerkungen bestand – was dazu führte, daß er mal wegen «Aufwiegelung des Volkes» durch seine Wunderkräfte eingesperrt wurde und mal zur Belehrung des Kaisers bei Hofe geladen war. Er ist einer der ersten, die Schriften hinterließen, welche in der Zen-Tradition höchstes Ansehen genießen.

Dann ist da die Geschichte von Fu Shanhui, einem kleinen Bauern und Familienvater, der aufgrund eigener Studien und Bemühungen das höhere Bewußtsein erlangte und ein weithin bekannter Menschenfreund und Lehrer mit sozialem Engagement wurde. Er soll viele Verwandte und Menschen aus der Gegend bekehrt haben und von außerordentlicher Mildtätigkeit gewesen sein. Er ersuchte sogar um Audienz beim Kaiser, um ihm Ratschläge zur Verbesserung der beklagenswerten Zustände jener Zeit zu geben, doch aufgrund seines niederen Standes drang er nicht durch, bis Baozhi, der um Shanhuis erleuchteten Geist wußte, sich bei Hof für ihn einsetzte.

Baozhi und Fu Shanhui nehmen eine hervorragende Stellung in der Zen-Überlieferung ein. Keiner von beiden kann irgendeiner Schule zugerechnet werden; sie sind ein Sinnbild der Freiheit und Unabhängigkeit. Selbst ihre extreme Verschiedenheit ist typisch für das Zen, denn es heißt:

«Wären alle Wellen des Zen-Stromes gleich, unzählige gewöhnliche Menschen würden nicht weiterkommen.»

Baozhi und Fu Shanhui sollen beide Bodhidharma begegnet sein, der als Begründer des Zen angesehen wird und eine der bedeutendsten Symbolgestalten der Zen-Tradition ist. Er soll (wie der Buddha) ein indischer Prinz gewesen sein, der ein Leben in Luxus aufgab, um sich auf die Suche nach einer dauerhafteren Wirklichkeit zu machen. Der Legende zufolge war der führende buddhistische Meister des damaligen Indien sein Meister. Dieser Meister soll Bodhidharma aufgetragen haben, sechzehn Jahre nach seinem Tod nach China zu reisen, und Bodhidharma, selbst schon hochbetagt, begab sich auf dem Seeweg nach China, um seine Mission zu erfüllen.

Bodhidharma war es, der deutlich machte, daß das Wesentliche am Zen unabhängig ist von den Zügen, die Religion durch soziokulturelle Prägung annimmt. Zur Überwindung der breiten kulturellen Kluft zwischen Indien und China diente Bodhidharma die buddhistische Lehre vom Bewußtsein, die bis in jene Tiefe reicht, wo jenseits aller Unterschiede der Kultur und Geschichte die überall gleiche Essenz des menschlichen Geistes sichtbar wird. Später umschrieb man Bodhidharmas Lehre mit den Worten: «Das unmittelbare Deuten auf den Geist des Menschen, das zur Schau des Wesens und zur Erleuchtung führt.»

Die Bewußtseinslehre ist sehr hilfreich für das Verständnis dessen, was im Zen geschieht, und hierin liegt einer der Gründe dafür, daß die Tradition sie mit Bodhidharma, dem Ersten Patriarchen, verbindet. Nach dieser Lehre haben die Dinge drei Naturen: eine imaginäre, eine relative und eine absolute. Essenz und Praxis des Zen liegen in diesen drei Naturen und ihrem Wechselspiel.

Die imaginäre Natur der Dinge meint unsere Vorstellungen von ihnen, die Art und Weise also, wie wir sie uns subjektiv vergegenwärtigen. Die imaginäre Natur der Dinge ist daran zu erkennen, wie wir über die Dinge denken und sprechen. Sie ist demnach durch Kultur, persönliche Geschichte und Konvention bedingt.

Die relative Natur der Dinge ist die Natur der nur in ihrer wechselseitigen Bezogenheit und Bedingtheit existierenden Phänomene. Die eigentliche Wirklichkeit dieses ununterbrochenen Wirkzusammenhangs wechselseitiger Bedingtheit liegt letztlich außerhalb menschlicher Vorstellungskraft, denn Vorstellungen sind nur innere Bilder, die über das Wirkliche gebreitet werden, nicht das Wirkliche selbst.

Die absolute Wirklichkeit ist der Bewußtseinslehre zufolge die Leerheit oder Unwirklichkeit der imaginären Natur der Dinge. Man könnte auch sagen, sie bestehe darin, daß die relative Natur der Dinge bar jeder realen Entsprechung zu ihrer imaginären oder eingebildeten Natur ist. Baizhang, ein Meister der klassischen Zeit, sagte: «Wenn du erkennst, daß keine Verbindung zwischen deinen Sinnen und der Außenwelt besteht, wirst du auf der Stelle Befreiung finden.»

Die absolute Wirklichkeit, so sagt die Lehre, kann erfahren, aber nicht mit den äußeren Sinnen oder dem gewöhnlichen Denken erfaßt werden. Buddhistischen Texten, die die Ausbreitung des Buddhismus dokumentieren, können wir entnehmen, was üblicherweise geschieht, wenn die Lehre bis hierher dargelegt ist: Es bildet sich die Vorstellung, im Buddhismus gehe es darum, sich von der imaginären Wirklichkeit abzuwenden, um mit der absoluten Wirklichkeit eins zu werden. Dieses Mißverständnis ist eines der Hauptprobleme für die praktische Seite des Buddhismus. In der Zen-Literatur wird es sehr häufig behandelt.

Der Bewußtseinslehre zufolge geht die imaginäre Wirklichkeit der Gegenwart in die relative Wirklichkeit der Zukunft ein. Anschauungen und Einstellungen bedingen Taten; die Taten wirken sich auf die Umgebung aus, und diese wiederum formt Anschauungen und Einstellungen. Bei der Realisation der absoluten Wirklichkeit geht es also nicht um Auslöschung der imaginären Wirklichkeit; es soll vielmehr die Freiheit gewonnen werden, sie bewußt zu beeinflussen, anstatt sie durch automatische Gewohnheiten zu verstärken.

Das *Sandhinirmochana-Sūtra*, ein Klassiker der Nur-Bewußtsein-Lehre, nennt als das wesentliche Mittel zur Erkenntnis der absoluten Wirklichkeit das Nichthaften an der imaginären Wirklichkeit. Wenn im Zen von «Nicht-Bewußtsein», «Nicht-Denken» und «den Geist anhalten» die Rede ist, so ist darin eben diese Aufforderung enthalten, vom Bild der Welt abzulassen, um das Absolute zu erfahren. Aus diesem Grund lehnt das Zen alle Bestrebungen, den Geist leer zu machen, ab, denn dieser Zustand ist auch nur ein Bild und nicht die Abkehr von der Ein-Bildung überhaupt.

Einer der frühen klassischen Meister wird häufig mit diesen Worten zitiert: «Zuerst gehst du hinüber ans andere Ufer (das Absolute), um dich davon zu überzeugen, daß es existiert; dann kommst du ans diesseitige Ufer (das Relative) zurück, um zu handeln.» Ist eine bestimmte Tiefe der Erfahrung erreicht, so übernimmt das unmittelbare Wissen die Funktion der Meditation als Kontrollinstanz für die Beziehung zur imaginären Wirklichkeit.

In dieser Freiheit gewinnt der Zen-Buddhist dann Zugang zu einem umfassenderen Bewußtsein der relativen Wirklichkeit, als aufgrund eines geschlossenen Systems von Einstellungen und Begriffen möglich wäre. Dadurch vergrößert sich der Spielraum, die imaginäre Wirklichkeit so zu verändern, daß die zukünftige relative Wirklichkeit sich günstiger gestaltet.

In der Avatamsaka-Schule des Buddhismus, auf deren Lehren auch das Zen zurückgriff, wird dieser Prozeß mit seinen zwei Phasen so beschrieben: «Die Dinge auf den Geist zurückführen» (das heißt erkennen, daß alle Bilder mentaler Natur sind) und «die wahre Leerheit erkennen» (also die fiktive Natur der Dinge); dann «Gegenstände aus dem Geist projizieren» (angemessenere, konstruktive Bilder erarbeiten) und «das subtile Sein verwirklichen» (die Konkretisierung des Denkens im Handeln).

Für beide Schritte gibt es spezifische praktische

Richtlinien, naturgegebene Gesetze für den Umgang mit dem Absoluten und dem Relativen. Für diese gibt es im buddhistischen Kanon die verschiedensten Formulierungen. Eine der explizitesten Darstellungen der Regel für das Absolute – zugleich auch für eine der Grundaussagen des Zen – finden wir im *Sandhinirmochana-Sūtra*. Hier spricht der Buddha die Worte:

> Die höchste Wahrheit, von der ich spreche, ist das, was die Weisen innerlich realisieren, während Denken und Überlegung nur das erfassen, was unerleuchtete Menschen einander bekunden. Wisse daher, daß die höchste Wahrheit alle Gegenstände des Denkens und der Überlegung transzendiert. Die höchste Wahrheit, von der ich spreche, hat keine Form, auf die man sich beziehen könnte, während Denken und Überlegung ausschließlich im Bereich der Form wirken. Wisse daher, daß die höchste Wahrheit alle Gegenstände des Denkens und der Überlegung transzendiert. Die höchste Wahrheit, von der ich spreche, kann nicht in Worten ausgedrückt werden, während Denken und Überlegung nur im Bereich des sprachlichen Ausdrucks wirken können. Wisse daher, daß die höchste Wahrheit alle Gegenstände des Denkens und der Überlegung transzendiert. Die höchste Wahrheit, von der ich spreche, ist nicht darzustellen, während Denken und Überlegung nur im Bereich der Darstellung wirken können. Wisse daher, daß die höchste Wahrheit alle Gegenstände des Denkens und der

> Überlegung transzendiert. Die höchste Wahrheit, von der ich spreche, macht allem Meinungsstreit ein Ende, während Denken und Überlegung nur im Bereich des Meinungsstreits wirken. Wisse daher, daß die höchste Wahrheit alle Gegenstände des Denkens und der Überlegung transzendiert.

Und so betonen auch die Zen-Meister immer wieder, daß Zen nicht durch gewöhnliches Erkennen zu verstehen oder zu erlangen ist. Das Sutra schildert im weiteren, wie geistige Gewohnheiten das Erwachen jener subtilen formlosen Wahrnehmung und jenes Wissens behindern, die durch die Zen-Verwirklichung ins Spiel kommen:

> Jemand, der sein Leben lang an beißenden und bitteren Geschmack gewöhnt ist, kann die Süße von Honig oder Zucker weder denken noch einschätzen, noch an sie glauben. Jemand, der in seiner Unwissenheit seinen Leidenschaften nachgibt und nichts als seine Begierden im Sinn hat und daher in einem Zustand ständiger Erregung lebt, kann die Seligkeit der Nichtverhaftung und des Nichtbeachtens von Sinneseindrücken weder denken noch einschätzen, noch glauben. Jemand, der in seiner Unwissenheit ganz und gar auf die Wörter ausgerichtet ist und am schönen Ausdruck haftet, kann die Wonne des heiligen Schweigens und der inneren Stille weder denken noch einschätzen, noch glauben. Jemand, der in seiner Unwissenheit auf die Zeichen der Wahrnehmung und des Erkennens ausgerichtet ist und

an den Erscheinungen der Welt haftet, kann das endgültige Nirvāna, das alle Zeichen auslöscht, so daß die Verdinglichung endet, weder denken noch einschätzen, noch glauben.

Wie die Menschen in der Unwissenheit aufgrund ihrer mit Ichverhaftung und Besitzverhaftung verbundenen Streitfragen und Überzeugungen dem weltlichen Hader verhaftet bleiben und daher einen Zustand, in dem es weder Selbstsucht noch Besitzgier, noch Verhaftung, noch Streit gibt, weder denken noch einschätzen, noch glauben können, so können auch jene, die Gedanken nachgehen, die höchste Wahrheit, die den Bereich des Denkens und der Überlegung transzendiert, nicht denken oder einschätzen, oder glauben.

Weil das Zen-Wissen und das gewöhnliche Erkennen so radikal verschieden sind, entsteht mitunter der nicht ganz richtige Eindruck, es komme im Zen einzig und allein auf das absolute Gesetz an. Tatsächlich geht es aber bei dieser starken Betonung des Absoluten darum, daß das relative Gesetz nicht voll wirksam werden kann, solange das Absolute nicht verwirklicht ist. Daher heißt es: «Am Rand eines Abgrunds hängend, laß los und stirb ganz und gar, dann kehre zurück ins Leben – danach kann nichts mehr dich täuschen.» Die Erkenntnis des Absoluten dient also dazu, alle subjektiven Einbildungen und Empfindungen darüber, was im Bereich der relativen und imaginären Regel angezeigt oder möglich ist, abzuschneiden.

Die vielleicht prägnanteste und zugleich umfassendste Definition der relativen Regel – die relativ ist gegenüber dem Bereich, in dem sie wirkt – wird im *Avatamsaka-Sūtra* gegeben. Erleuchtendes Handeln, heißt es hier, ist all das, «was dem Nutzen aller Wesen dient und ihr Wohlergehen fördert». Wie solches Handeln aussehen kann, wird an zwei klassischen Zen-Geschichten exemplarisch deutlich. Auf die Frage, was man im täglichen Leben tun solle, sagt ein Meister: «Ich frage nicht nach dem täglichen Leben; ich verlange nur einen durch nichts getrübten Blick.» Ein anderer Meister sagte: «Jeder Schritt sollte auf dieser Frage gegangen werden.» Zusammen verdeutlichen diese Geschichten den Einklang der beiden Facetten der Zen-Verwirklichung – ganz im Sinne der Tradition, die sowohl Dogma als auch grundsätzliche Verneinung meidet.

Eines der wichtigsten Ziele des Zen besteht darin, die Übergänge zwischen der relativen und der absoluten Wirklichkeit so fließend wie möglich zu machen. Die Bewußtseinslehre verwendet hierzu das Modell der «drei subtilen und sechs groben Aspekte». Dieses Modell ist nicht nur ein ausgezeichnetes Instrument für die Selbstbeobachtung, sondern verdeutlicht auch den Sinn des Vorgehens im Zen.

Der erste der drei subtilen Aspekte wird unwissendes bedingtes Bewußtsein genannt. Dieses Bewußtsein gibt Anlaß zu dem, was man Erregungszustand nennt, und damit erscheint nun die Subjektivität. Dieser zweite Aspekt erzeugt den dritten, nämlich die Vergegenständlichung der in diesem subjektiven Erregungszustand gehegten Anschauungen. Dies ist das subtile Bindeglied zwischen dem Relativen und dem Imaginären. Was aufgrund der Vergegenständlichung durch die Subjektivität erscheint, wird nun weiter unter dem Gesichtspunkt der sechs groben Bewußtseinsaspekte betrachtet.

Der erste dieser sechs groben Bewußtseinsaspekte ist das Erkennen, und zwar das Erkennen der im Geist erzeugten Bilder, die projiziert werden, um die Welt zu definieren. Der zweite Apsekt ist Kontinuität, die Tendenz dieser Bilder, sich zu wiederholen. Der dritte ist das Haften an der so erzeugten Erscheinung. Der vierte grobe Bewußtseinsaspekt ist das Benennen. Der fünfte ist das Handeln aufgrund der so heraufbeschworenen Ideen und Einstellungen. Der sechste und letzte Aspekt des bedingten Bewußtseins ist das Leiden, das aus dem Haften am Gewohnten entsteht.

Es gibt im Zen verschiedene Techniken, um diesen Teufelskreis aus ineinandergreifenden subtilen und groben Aspekten der Selbstkonditionierung an bestimmten kritischen Punkten zu durchbrechen. Auch die Geschichten und Bilder der Zen-Tradition sind Mittel, die Qualität des Bewußtseins zu verändern, da sie das bedingte Bewußtsein an ganz bestimmten Punkten der Kette erschüttern.

Bodhidharma, der Begründer des Zen in China, soll nichts weiter als die reine, an keine Organisationsform gebundene Bewußtseinslehre mitgebracht haben. Einer Legende zufolge soll er mehr als fünfzig Jahre in China verbracht und dort je nach Gelegenheit auch gelehrt haben. Eine andere Quelle nennt einen viel kürzeren Zeitraum und stellt ihn als jemanden dar, der sehr wenig äußere Tätigkeit entfaltete. Allgemein gilt als sicher, daß er das innerste Geheimnis des Zen an vier Menschen weitergab, darunter auch eine Frau. Es heißt auch, er sei sechsmal von rivalisierenden buddhistischen Priestern vergiftet worden und habe sich schließlich, als seine Aufgabe erfüllt war, töten lassen.

Wie das in der Zen-Tradition später noch oft der Fall sein sollte, verschwinden die meisten der unmittelbaren Nachfolger Bodhidharmas bald aus dem Rampenlicht, und die spätere Überlieferung bezieht sich fast nur noch auf einen dieser ersten chinesischen Zen-Meister, einen Mann namens Huike. Um die Gestalt Huikes ranken sich etliche Schlüsselgeschichten des Zen, in denen es um Themen wie den Triumph des Geistes über die Materie, die Zen-Übung des Suchens nach dem Geist, die Bewährungsprobe der inneren Stabilität durch besonders ablenkende äußere Umstände und die Fortführung der Zen-Übung bei allen gewöhnlichen Verrichtungen geht. Huike pflegte vor den Toren großer städtischer Klöster über die Lehre von der Nicht-Form des Zen-Geistes zu sprechen, und viele kamen, um ihn zu hören. Er war ähnlichen Anfeindungen ausgesetzt wie Bodhidharma, und in sehr hohem Alter wurde er schließlich verurteilt und hingerichtet.

Dreihundert Jahre später sollte ein berühmter Zen-Meister sagen: «Unsere Vorläufer wurden verjagt, wohin auch immer sie gingen.» Hier ist die radikale Unabhängigkeit des Zen angesprochen, die sich nicht mit dem gewöhnlichen Empfinden verträgt, sondern den einzelnen einem einsamen Kampf um eine höhere Vernunft überläßt – ganz anders als jene Rationalität und Emotionalität, für die Vertrautheit das Kriterium der Wirklichkeit ist.

Huike soll zehn persönliche Schüler, darunter etliche Laien, gehabt haben, denen er die Essenz des Zen vermittelte. Angesichts der Dichte und des Gewichts der frühen Zen-Geschichten, die ein ganzes Leben oder sogar Generationen in wenigen Vignetten erfaßten, gewinnt der Umstand besonderes Gewicht, daß diesen Geschichten zufolge auch Frauen und Laien von Anfang an einen festen Platz im Zen-Buddhismus hatten.

Viele buddhistische Schriften wenden sich an Laien beiderlei Geschlechts und berichten auch von Laien, die tiefe Verwirklichung fanden oder sogar Meister wurden. Die Geschichte des Zen berichtet auch, daß die sogenannten Fünf Häuser, die Hauptschulen des Zen in China, während ihrer frühen Entwicklungszeit an kritischen Wendepunkten von Frauen zusammengehalten wurden.

Daß die Aussicht auf Befreiung auch für Frauen und den gemeinen Mann galt, wurde von den etablierten politischen Kräften natürlich als Bedrohung der überkommenen Gesellschaftsordnung empfunden. Aus diesem Grund stellte man der Öffentlichkeit den wandernden Bettelmönch – der ja in seiner wahren Gestalt ein Mensch ist, welcher alles Interesse an weltlichem Gewinn oder Verlust aufgegeben hat – als den Inbegriff des Buddhismus hin; damit sollten die irrationalen Ängste der Politiker und Akademiker beschwichtigt werden. Das gelang natürlich um so weniger, je mehr Mönche selbst Potentaten wurden und je mehr die Politik auch auf die Klöster übergriff.

Von Huike wird auch gesagt, er habe sich um die Kranken gekümmert, und dies ist uralte buddhistische Tradition. Seinen wohl berühmtesten Heilungserfolg hatte er bei Sengcan, einem schwerkranken Mann, der schließlich sein Nachfolger und der dritte Patriarch des Zen wurde. Huike soll hier rein spirituelle Mittel angewendet haben, die Sengcan ermöglichten, seine Gesundheit spontan und auf natürliche Weise wiederzuerlangen.

Das Heilen mit den Mitteln des Geistes ist zwar wichtig genug, um in den Geschichten der Patriarchen erwähnt zu werden, und es taucht in der Geschichte des Zen immer wieder mal auf, aber es wird selten als solches besonders hervorgehoben. Die Geschichte des Zen berichtet auch von den geistigen Heilkräften des frühen Zen-Meisters Huisi, der als einer der Begründer des Tiantai-Buddhismus gilt. Sein Schüler Zhiyi, der dem Tiantai-System seine endgültige Formulierung gab, widmete einen Teil seines berühmten Werks über die Meditation den Heilmethoden.

Die Tradition betrachtet Sengcan als den Autor einer Schrift mit dem Titel «Die Meißelschrift vom Glauben an den Geist»*, die nicht nur eines der frühesten Zen-Werke, sondern auch von zeitloser

---

* Dt. Übersetzung von Ursula Jarand mit Kommentaren von Soko Morinaga Rōshi, Bern u. a. (O. W. Barth) 1991.

Beliebtheit ist. Zitate daraus tauchen in der späteren Zen-Literatur immer wieder auf. Es ist ein Führer zur Zen-Meditation, und sein Grundthema ist die Ausgeglichenheit des Geistes. Viele der im vorliegenden Buch übersetzten Zen-Unterweisungen sind ganz im Geist dieses Klassikers verfaßt.

Sengcans Nachfolger Daoxin war der erste große chinesische Zen-Meister, der eine besondere Gemeinschaft für die intensive Zen-Schulung einrichtete. Wie zahlreiche andere Zen-Meister soll er alle Ehrungen, die ihm der Kaiser zuteil werden ließ, abgewiesen haben; er zeigte damit, daß Zen über alle weltlichen Ambitionen erhaben ist.

Das Zen fand nun immer mehr öffentliche Beachtung, und Daoxin spezifizierte eine Vielfalt von Methoden und legte strenge Kriterien für Zen-Meister fest. Besondere Bedeutung maß er dem Grundgesetz der Zen-Übermittlung bei: daß niemand Zen darlegen kann, solange er nicht selbst vollkommene Klarheit des Geistes erlangt hat. Er selbst soll nur einem von fünfhundert Schülern die Lehrbefugnis erteilt haben. Dieser Schüler, ein Mann unbekannter Herkunft namens Hongren, hatte später siebenhundert Schüler, von denen er elf als erleuchtete Nachfolger und Zen-Meister bestätigte.

Hongren wird eine kurze Abhandlung über die Bewahrung des ursprünglichen Geistes zugeschrieben, doch dieses Werk fand in der Zen-Tradition wenig Beachtung. Viel eher wird sein Name mit der buddhistischen Lehre der transzendenten Weisheit in Verbindung gebracht, die zwischen dem Geist und seinen Zuständen unterscheidet und die Essenz der Religion von Emotion und Sentiment sondert. Die Lehre von der transzendenten Weisheit, auch im Tiantai-Buddhismus von zentraler Bedeutung, nahm in den Zen-Schulen schließlich einen so breiten Raum ein, daß manche im Zen eine Fortsetzung dieser besonderen Entwicklungsphase des Buddhismus sehen.

Mit Hongrens berühmtestem Nachfolger, Huineng, begann die Geschichte dessen, was dann die Hauptströmung des Zen werden sollte. Huineng, der Anfang des achten Jahrhunderts starb, wird als ungebildeter Holzhändler aus einer rückständigen Gegend Chinas dargestellt, der eines Tages urplötzlich zur Wahrheit des Zen erwachte, als er im Vorbeigehen jemanden eine Passage aus einem Sūtra rezitieren hörte. Die Legende berichtet, er habe sich nur für kurze Zeit in der Gemeinschaft des großen Meisters Hongren aufgehalten und dort niedere Küchendienste versehen; nachdem seine Erleuchtung vom Meister bestätigt worden war, soll er heimlich geflohen sein, um der Mißgunst der anderen Schüler zu entgehen. Fünfzehn Jahre verbrachte er unter Jägern in den Bergen, bis er schließlich in Südchina als ausgereifter Zen-Meister in Erscheinung trat und Scharen von Wahrheitssuchern aus ganz China ihm zuströmten.

In den Geschichten und Legenden um die Gestalt Huinengs werden einige der Grundthemen des Zen erkennbar. Als ein Mann von niederer Herkunft steht er – wie der Buddha – für die Erhabenheit über gesellschaftlichen Stand und formale Bildung. Auch der Buddha hatte schon erklärt, das indische Kastensystem habe im Buddhismus keine Gültigkeit und man solle nichts allein deshalb glauben, weil es überkommener Glaube oder in Büchern niedergeschrieben sei oder von Autoritäten verkündet werde. Und wie mit dem Buddhismus die ersten heiligen Schriften Indiens entstanden, die in tatsächlich vom Volk gesprochenen Sprachen abgefaßt waren, so brachte das Zen in den drei Jahrhunderten nach Huineng eine Literatur in China hervor, die sich der Umgangssprache bediente.

Ohne eine vorhergehende Schulung oder Ausbildung hatte Huineng als junger Mann Erleuchtung gefunden, und unter Hongren stellte er sich einer Prüfung, mit welcher der Patriarch seinen Nachfolger zu ermitteln gedachte. Seine zahlreichen Schüler werden von der Tradition als hochgebildet und bestens geschult dargestellt – wie das Zen ja überhaupt in den ersten Jahrhunderten viele hervorragende Buddhisten anderer Schulen anzog. Die Legende berichtet nun, der junge und ungebildete, aber erleuchtete Huineng habe mit Hilfe jener höchsten Weisheit, die lehrerloses Wissen genannt wird, sogar den besten Schüler Hongrens übertroffen.

Im Zen gilt, daß beharrliches Üben zwar das Zen-Begreifen auslösen kann, aber keineswegs für sich allein die Gewähr für die Zen-Verwirklichung bietet. Es gehört vielmehr noch ein nicht näher zu definierendes Element dazu, das den Zen-Effekt potenziert. Es ist ein Ding, das kein Ding ist – die unnennbare Weisheit, die man lehrerloses Wissen nennt. Jeder Mensch ist damit begabt, doch Huineng, dessen Erleuchtung offenbar von keinerlei Vorbedingungen abhing, gilt als der Meister dieses lehrerlosen Wissens.

Man bezeichnet das von allen Bedingungen unabhängige Wissen auch als «das schwer zu Erfassende, das nicht weitergegeben werden kann, nicht einmal vom Vater an den Sohn». Es ist nicht wie rituelle Weitergabe von Kenntnissen oder Autorität, hat nichts von einer Lehre oder einem Glauben. Viele der klassischen Meister betonen dies mit größtem Nachdruck, und eine der großen Kontroversen der Zen-Geschichte wurde von Leuten ausgelöst, die behaupteten, es gebe eine geheime Übermittlung, und daher sei es nicht erforderlich, selbst Erleuchtung zu suchen. Dazu kommt es, wenn das, was man im Zen seit jeher «geheime Übermittlung» nennt, mit persönlichen Anschauungen und Empfindungen vermischt wird.

Die Nachstellungen, denen Huineng durch eine bestimmte Gruppe von Mönchen ausgesetzt gewesen sein soll, stehen als Beispiel für das, was geschieht, wenn Aneignungstendenzen sich im Bereich der Religion ausbreiten. Das Zen hat sich zu allen Zeiten mit dem Problem des verkappten Egoismus in der Religion auseinanderzusetzen gehabt; das begann schon in der Begegnung Bodhidharmas mit dem Kaiser von China, der sich auf sein wohltätiges Wirken für den Buddhismus viel zugute hielt. Als er Bodhidharma fragte, welcher Verdienst ihm daraus erwachse, bekam er die Antwort: «Kein Verdienst.» Ein Zen-Sprichwort sagt: «Hast du keine Gefühle über weltliche Dinge, so sind sie alle Buddhismus; hast du Gefühle über Buddhismus, so ist er ein weltliches Ding.»

Der Überlieferung nach hatte Huineng dreiunddreißig erleuchtete Schüler, die als Meister bekannt wurden, während «die übrigen, die ihre Namen verschwiegen und ihre Spuren verwischten, nicht zu zählen waren». Auch dies finden wir in der Zen-Überlieferung immer wieder: Viele von denen, die das Zen begreifen, verschwinden einfach von der Bildfläche, und nur manche treten öffentlich als Zen-Meister auf. In China zumindest gibt es dafür konkrete historische Bestätigungen – der beständige Prozeß der Auflösung und Neubildung von Zen-Schulen und die aufeinanderfolgenden Phasen der Zen-Schulung mit ihren verschiedenen Namen und Erscheinungsbildern.

Nach Huinengs Tod verstreute sich seine Schule in alle Winde, und das Zen drang still und unbemerkt in den bereits etablierten Buddhismus anderer Schulen ein, um sich dann schließlich unter zwei großen Zen-Meistern des achten Jahrhunderts, Shitou und Mazu, zu voller Blüte zu entfalten. Diese beiden Meister sind als «die beiden Pforten der Unsterblichkeit» bekannt, und sie waren die Meister fast aller bekannten Zen-Meister der folgenden Generation.

Shitou, dessen Lebenszeit fast das gesamte achte Jahrhundert umspannt, ist uns nicht nur als Großmeister des Zen bekannt, sondern auch als Verfasser eines Lehrgedichts mit dem Titel «Das Verschmelzen von Unterschied und Gleichheit». Es ist eine der dichtesten Aussagen des Buddhismus, die wir kennen, und es wurden viele Versuche unternommen, seinen inneren Sinn zu erhellen; die ersten Kommentare entstanden schon wenige Generationen nach der Abfassung der Schrift gegen Ende der klassischen Periode des Zen.

In der für solche hochkonzentrierten Zen-Schriften typischen Weise sagt Shitous Werk schon im ersten Satz sehr viel über die Grundlagen des Zen: «Der Geist des großen Unsterblichen Inders teilt sich in Ost und West auf innerem Wege mit.» Mit dem großen Unsterblichen Indiens ist natürlich der Buddha gemeint, und der Geist ist der erleuchtete Geist. Für «Unsterblicher» wird hier ein taoistischer Ausdruck verwendet, und auch die Schriftzeichen des Titels stimmen mit denen eines frühen taoistischen Klassikers über spirituelle Alchemie überein. Shitou geht es hier natürlich nicht um literarische Anleihen oder Begriffsannäherungen; er will vielmehr sagen, daß der erleuchtete Geist scheinbare Unterschiede der Religionen transzendiert und daß kulturelle Verschiedenheiten wie die von Ost und West ihn nicht behindern, da er tiefer reicht.

MAZU, dessen Lebenszeit sich bis auf wenige Jahre mit der von Shitou deckt, ist der erste Meister, dessen Unterweisungen im vorliegenden Band übersetzt sind. Was über Mazu bekannt ist, findet sich größtenteils in den Aufzeichnungen über seine Begegnungen mit anderen Menschen; hier werden Geschichten des plötzlichen Erwachens aufgrund seiner Worte, seines Handelns oder seiner charismatischen Ausstrahlung erzählt. Mazu hatte einhundertneununddreißig erleuchtete Schüler, von denen vierundachtzig öffentlich als Zen-Meister auftraten. Von seinen Nachfolgern ging in den nächsten Jahrhunderten ein tiefgreifender Einfluß aus.

An Mazus Worten der Unterweisung fällt auf, daß sie ebenso schlicht wie umfassend sind. Es geht ihm um Natürlichkeit im Sinne des Freiseins von allen durch Planung und künstliche Mittel erzeugten Schwankungen des Geistes. Um zu dieser Natürlichkeit zu gelangen, kam es für Mazu vor allem darauf an, sich nicht an subjektive Anschauungen zu klammern. So, sagte er, kann man die gewöhnliche Welt transzendieren, ohne sich dem Alltäglichen zu entfremden oder es abzulehnen. Er sagte auch, daß Gedanken und Gefühle im Laufe von Existenzen – des einzelnen oder der Kultur – gleichsam gerinnen und auskristallisieren und die Grundlage dessen bilden, was als die Welt erscheint.

Seine Zen-Taktik bestand zu einem großen Teil darin, sich selbst und die Gesellschaft alles Persönlichen zu entkleiden; dadurch wird es dem Geist möglich, von seinen eigenen Schöpfungen abzulassen, die endlos sich fortspinnenden Gedanken sich selbst zu überlassen und zur unausdenklichen Wahrnehmung des Wirklichen zu gelangen. Erleuchtung bedeutet für Mazu, das Wesen des Geistes und der Dinge zu realisieren; und ihre Erfüllung liegt jenseits der Mittel, die zu ihrer Verwirklichung führten.

Einer der herausragenden spirituellen Nachfolger Mazus war DAZHU, dessen Aussprüche sich in der hier vorgelegten Sammlung an die Worte Mazus anschließen. Dazhu ist ein vorzügliches Beispiel für die zutiefst schlichte Art dieses frühen Zen. Auch er zeigte schon die Mängel des religiösen Ego und des religiösen Eifers auf, die in späteren Zen-Schriften immer wieder kritisiert wurden: Wer sich allzu einseitig auf buddhistische Studien verlegt, verbaut sich damit vielleicht selbst den Weg zur authentischen Befreiungserfahrung, denn das Bewußtsein, in dem man solche Studien betreibt, ist von Subjektivität und Objektverhaftung geprägt.

Als das Zen sich später immer stärker etablierte, wiesen die Meister immer häufiger darauf hin, daß eine unlebendige und unfruchtbare Zen-Haltung sich nicht wesentlich von gewöhnlicher materieller Gier unterscheidet, wenn Zen-Gemeinschaften zu regelrechten Institutionen mit Laufbahnen, sozialen und materiellen Straf- und Belohnungssystemen, Amtsbereichen, Parteien und allem daraus Folgenden werden. Die Wurzeln dieses Problems wurden schon ganz zu Anfang von Dazhu und anderen Meistern aus der Schule Mazus erkannt.

Der nächste Meister, dessen Unterweisungen hier in Beispielen vorgelegt werden, ist LINJI, ein seiner Strenge wegen berühmter Meister des neunten Jahrhunderts. Als Schüler eines spontan erleuchteten Mannes, der auch zu Baizhang, einem der Meisterschüler Linjis, in Beziehung stand, vollendete Linji die Zen-Lehre, die auf ihn überkommen war, und erweckte sie durch seine tiefe Erleuchtung voll zum Leben. Die Aufzeichnung seiner Aussprüche, von einem unmittelbaren Schüler kompiliert, wurden zu einem Klassiker des Zen. Aus diesem berühmten Werk stammt auch die hier übersetzte Auswahl.

Wie so viele andere Zen-Meister lehrte Linji die Natürlichkeit und ermahnte seine Schüler, keine außergewöhnlichen Kräfte zu suchen. Er leugnete nicht, daß es solche Kräfte gibt, ließ aber keinen Zweifel daran, daß subjektive Einbildungen und persönliche Wünsche keine gesunde Basis für die Entwicklung der höheren geistigen Vermögen sind. Wirklichkeitsgetreues Wahrnehmen und Verstehen, das ist es, was den Menschen not tut; habt ihr diese erst, so sagte er, dann kommen die Wunder von selbst. Er betonte auch die Notwendigkeit, unabhängig zu sein, sich nicht in die Verwirrung und Verblendung anderer hineinziehen zu lassen, sondern der innersten Tiefe des eigenen Ich zu vertrauen. Er rief die Menschen auf, das zu tun, was zu geschehen hat, ohne sich von äußeren Einflüssen beirren zu lassen.

Wie andere Zen-Meister bezeichnete Linji das Zen als die Lehre vom Geist-Grund, der fundamentalen Ebene des Gewahrseins. Er lehrte, daß sich der Geist-Grund im Profanen ebenso wie im Heiligen frei bewegen kann, ohne sich mit der einen oder der anderen Seite zu identifizieren. Seid unabhängig, sagte er, verweilt nicht einmal beim Geist-Grund, haftet weder an inneren Zuständen noch an äußeren Bedingungen – dann kann keine Lebenssituation euch schwanken machen, und diese radikale Unabhängigkeit befreit euch sogar von üblen Gewohnheiten.

Linji verwarf auch das wahllose Studieren als wertlos und verglich es mit einer herumstöbernden Ziege, die alles, was sie findet, ins Maul nehmen muß. Eine besonders geschärfte Wahrnehmungskraft, so erklärte er, ist notwendig, wenn die Schulung über einen gewissen Punkt hinausführen soll; deshalb sind Zusammenschlüsse von Menschen, die Obsession nicht von Erleuchtung unterscheiden können, eher soziale Organisationen als spirituelle Gemeinschaften. Das hat nichts mit der Unabhängigkeit zu tun, wie sie im Zen angestrebt wird. Deshalb sagt Linji: «Wenn du das Heilige liebst und das Gewöhnliche verachtest, dümpelst du immer noch auf dem Meer der Verblendung.»

Geistige Blockierungen, die das spirituelle ebenso wie das gesellschaftliche Leben behindern, sind nach Linjis Worten auf das Haften an Benennungen und Sprüchen zurückzuführen. Diese geistigen Hemmnisse verhindern das Gewahrsein der objektiven Wahrheit, denn sie halten den Geist in den Mauern der Ideen fest – Mauern, die ständig vom «einschläfernden Plätschern der Worte» verstärkt werden, wie es die Bewußtseinslehre nennt. Wer von solchen Einflüssen frei sein will, muß das wahre Selbst erkennen; doch das wahre Selbst kann nicht absichtsvoll gesucht werden, denn diese Absicht ist schon etwas Künstliches. Hierin liegt die Subtilität des Zen.

Wie wir den Schilderungen der Geschichte des Zen von Zen-Meistern entnehmen können, wurde eben diese Subtilität, die ihrer Natur nach unmöglich vom Intellekt zu erfassen ist, schließlich von

Scharlatanen und Möchtegern-Lehrern, die von der Macht der Mystifikation fasziniert waren, zur Verschleierung ihrer wahren Absichten mißbraucht. Auch Linji sagt, daß viele scheinbare Zen-Anhänger die Position des Lehrers einfach als eine Stufe ihrer Karriereleiter betrachteten und sie erklommen, ohne wirklich Erleuchtung gefunden zu haben. Hochstapler verstecken sich hinter mysteriösen Sprüchen und Ritualen. Fromme, aber naive Menschen können solchen Blendern, deren «Lehre» nicht befreit, sondern fesselt, auf den Leim gehen. Auch hier spricht sich Linji wie so viele andere echte Meister unmißverständlich gegen die falschen Zen-Übermittler aus und erklärt, wie man die Suggestionen des Nachahmungs-Zen erkennen und umgehen kann.

Um Befreiung zu finden, darin folgt Linji dem Buddha, ist es notwendig, das Fühlen und Denken von vorgefaßten Anschauungen – und dazu gehören auch gesellschaftlich bedingte und religiöse Überzeugungen – zu befreien; nur so gewinnt der Geist den Raum und die Objektivität für eine wahrhaft universale Schau der Wirklichkeit. In diesem Zusammenhang läßt Linji durchblicken, daß es im Zen eigentlich keine Lehre gibt, denn es geht hier einfach darum, «Gebrechen zu heilen und Fesseln zu lösen».

An Linjis Unterweisungen schließen sich hier die Worte seines Zeitgenossen YANGSHAN an. Yangshan galt schon zu seiner Zeit als einer der großen Geister des Zen, und viele hohe Staatsbedienstete rechneten sich zu seinen Schülern. In den berühmten großen Sammlungen von Zen-Geschichten begegnen wir Yangshan in zahlreichen Anekdoten. Er war stets bemüht, deutlich zu machen, daß die Zen-Lehre nicht von dogmatischem Charakter ist, sondern den jeweils gegebenen Bedürfnissen zu entsprechen vermag. Absolutes Zen, so sagte er, ist jenseits des menschlichen Fühlens und findet bei sensationslüsternen Menschen keinen Anklang.

Gerade diese Anschauung wird gelegentlich von dogmatisch denkenden Menschen als Dogma aufgefaßt, doch die Buddhisten fassen die Unerreichbarkeit des absoluten Zen für das gewöhnliche Denken und Empfinden nicht als Lehre auf; sie liegt vielmehr in der Natur dieses absoluten Zen, wie schon das *Sandhinirmochana-Sūtra* erläutert.

Wie Linji mahnte Yangshan, man solle, anstatt Wunderkräfte zu suchen, lieber zum Wesentlichen kommen, zum grundlegenden wahren Geist; Wunder sind Nebenerscheinungen, und sie ergeben sich von selbst, wenn die Grundlagen geschaffen sind. Vom Außergewöhnlichen angezogen zu sein, das ist keine tragfähige Basis für die Zen-Schulung, denn hier bleibt der Geist in seinen eigenen Einbildungen gefangen. Nicht daß Zen-Meister keine außergewöhnlichen Fähigkeiten entwickelten; sie streben sie nur nicht als Selbstzweck an.

Der nächste Meister, den wir in dieser Sammlung vorstellen, ist FAYAN, der um die Mitte des zehnten Jahrhunderts starb. Er war der letzte der großen klassischen Meister, deren Schulen die Formulierung des Buddhismus in der Sprache des Zen vollendeten. Seine Schule, bekannt dafür, daß sie aufzeigte, was Zen-Gelehrtentum ist, gewann in ihren ersten drei Generationen vor allem in Korea großen Einfluß. Einer von Fayans Nachfolgern hatte großen Anteil an der Wiederbelebung der alten Tiantai-Schule des Buddhismus. Unter dessen Nachfolgern wiederum war ein Mann, der der neunte Patriarch des Reines-Land-Buddhismus wurde, ein Meister des Zen und aller Schulen, Wegbereiter einer neuen panbuddhistischen Bewegung.

Fayan selbst soll vor allem fortgeschrittene Schüler unterwiesen haben, aber er schrieb auch eine knappe und prägnante Abhandlung über die allgemeinen Richtlinien für Zen-Schulen; hier legte er nicht nur die wahren Ideale des Zen dar, sondern benannte auch die Verfallserscheinungen, die schon damals im Zen zu beobachten waren. Hierin setzte er eine kritische Tradition fort, die schon die Lehren der Nachfolger Mazus sehr deutlich prägte und in der Song-Zeit (960–1278), als das Zen die gestaltende Kraft der chinesischen Kultur geworden war, ihre größte Wirksamkeit entfaltete. Die hier übersetzten Auszüge stammen aus dieser Abhandlung.

In seinen Richtlinien hob Fayan zunächst hervor, daß man selbst erleuchtet sein muß, bevor man andere unterweist. Die Verfallserscheinungen im Zen führte er auf den Einfluß von Menschen zurück, die unbedingt Zen-Lehrer und Leiter von Zen-Gemeinschaften werden wollten. Daher, so sagte er, komme es darauf an, den Grund des Geistes zu klären und sich aus den Teufelskreisen zu lösen, die Aufmerksamkeit und Wahrnehmung in ihrer Bedingtheit und Beschränktheit festhalten. Er sagte auch, daß wahre Zen-Klarheit und wahre Erleuchtung nicht durch Meditation zu erlangen sind, wenn es an der korrekten Führung mangelt.

Das Sektierertum ist eine der Verfallserscheinungen, die Fayan in seiner Abhandlung eigens anspricht. Das Zen selbst bietet nach seinen Worten keinen Ansatz dafür, doch nach einiger Zeit kommen unter seinen Anhängern Traditionalismus und Konkurrenzdenken auf, und darin liegt der Ansatz für das Sektierertum. Um dem vorzubeugen, sollte man sich hüten, einfach nur Lehrsprüche auswendig zu lernen und wie ein politischer Parteigänger nur eine bestimmte Schule als die einzig richtige gelten zu lassen. Als Beispiele für die echte Zen-Haltung zitiert Fayan berühmte Aussprüche früherer Meister, zum Beispiel: «Das Geheimnis ist in dir» und «Alles strömt aus deinem eigenen Herzen».

Fayan mahnte die Menschen auch, flüchtige Zustände nicht für echte Verwirklichung zu halten und nicht zuzulassen, daß Theorie und Praxis oder Grundsatz und Tatsache einander entfremdet werden. Die voreilige Deutung ungewöhnlicher Zustände als Erleuchtungserfahrungen ist typisch für degenerierte Zen-Schulen mit einer Vorliebe für das Sensationelle, während die Entfremdung von Theorie und Praxis bei doktrinären Schulen mit festgelegten Systemen anzutreffen ist. Diese beiden Extreme und die willkürliche subjektive Auslegung von Zen-Geschichten, die Fayan ebenfalls als Entartung verdammte, sind in der «diagnostischen» Zen-Literatur bestens dokumentiert.

Diesen Übersetzungen von Aussprüchen und

Schriften der klassischen Meister Mazu, Dazhu, Linji, Yangshan und Fayan folgt eine Auswahl aus den Schriften zweier Meister, Fenyang und Xuedou, die für das literarische Hervortreten des Zen wegbereitend wirkten; daran schließen sich Aussprüche der beiden Meister Huanglong und Yangqi an, die dem Zen um die Mitte der Song-Zeit wichtige Entwicklungsimpulse gaben.

Der literarische Niederschlag, den das Zen in China fand, trug wesentlich zur Ausbreitung des Zen-Einflusses in der chinesischen Kultur und in anderen, von China beeinflußten Kulturen bei, doch die Gesamtwirkung des Zen besaß natürlich noch andere Facetten. Fenyang und Xuedou waren bedeutende Meister, doch bekannt sind sie vor allem durch ihre hervorragenden Beiträge zur Zen-Literatur Chinas. Fenyang hatte über siebzig Zen-Meister kennengelernt, und in seinen Schriften finden wir die Lehren aller Hauptlinien des Zen miteinander verbunden; er fügte eigene Kommentare hinzu und erschloß dem Zen neue sprachliche Ausdrucksmittel.

FENYANG legte großen Wert auf den buddhistischen Grundgedanken, daß die Erleuchtung dem Geist innewohnt, aber durch angenommene Wahrnehmungs- und Denkgewohnheiten verdunkelt ist. Verblendung und Erleuchtung wurzeln beide im Geist, doch die meisten Menschen nehmen den Gedanken des eingeborenen Buddha-Wesens nicht ernst, weil sie ganz in ihren persönlichen Gedanken, Gefühlen und Stimmungen befangen sind. Aus diesem Grund gibt es die Zen-Lehre, obwohl es, wie

Fenyang sagt, letztlich darauf ankommt, «aus eigenem zu wissen».

Das Lehren geschieht zwar im Zen im Grunde unpersönlich, doch bedarf es, wie Fenyang anmerkt, einer inneren Affinität des Suchenden zum Zen. Die Beziehung zwischen Meister und Schüler ist von entscheidender Bedeutung, aber sie ist von ganz anderer Art als die zwischen Lehrer und Student im herkömmlichen Bildungssystem, vor allem deshalb, weil Zen nicht als Bildungsgut erklärt oder vermittelt werden kann. Deshalb sagt Fenyang, daß tausend Bücher nicht ausreichen und doch ein einziges Wort schon zuviel ist.

Die Zen-Schulung unterscheidet sich auch darin von Ausbildung im üblichen Sinne, daß aller Wetteifer hier als reine Zeitvergeudung angesehen wird. Das Zen-Erwachen ist zwar der Schlüssel zum inneren Frieden mitten im Gewimmel der Welt, und es erschließt schlummernde Fähigkeiten, doch die Zen-Freiheit taugt nicht für den, der nicht ausreichend vorbereitet ist. Deshalb wird sowohl dem Meister als auch dem Schüler in der Zen-Schulung ein sehr hohes Maß an Verantwortung auferlegt, und diese Verantwortung setzt einen Reifegrad voraus, der für weltliche Schulen gewiß nicht selbstverständlich ist.

XUEDOU gilt als Erneuerer einer der fünf Hauptschulen des klassischen Zen, bekannt ist er jedoch vor allem durch drei herausragende literarische Werke: eine Sammlung von Versen zu einhundert Zen-Geschichten, eine Sammlung von Prosakommentaren zu weiteren einhundert Zen-Geschichten und eine Gedichtanthologie. Seine Nachfolger bildeten in der späten Song-Zeit eine der einflußreichsten Schulen des Zen, und seine Schriften beeinflußten sogar die Vollkommene-Wirklichkeit-Schule des Taoismus in ihren Anfängen.

Der lebendige Sinn des Zen liegt nach Xuedous Worten im Leben selbst, und wirklich tiefes Begreifen kann man nicht von anderen Menschen bekommen. Dieses Prinzip – daß Zen letztlich nur in einem jeden selbst verwirklicht werden kann – wurde auch zum Vorwand für allerlei personalistische Zen-Strömungen, doch Xuedou zeigte auf, wie man dieser Falle entgehen kann: den Geist aller erworbenen Einbildungen entkleiden, um dann die Wirklichkeit unmittelbar zu schauen.

Im Unterschied zu Fenyang und Xuedou sind Huanglong und Yangqi nicht wegen ihrer literarischen Hinterlassenschaft berühmt – ihre persönlichen Unterweisungen sind sogar relativ unbekannt; sie verdanken ihren Ruf vielmehr dem Wirken ihrer Schulen. Von Huanglong besitzen wir noch eine Sammlung von Briefen, doch sie befassen sich meistens mit Ereignissen der Zeit und enthalten nur selten direkte Zen-Unterweisungen.

Wenn Huanglong von der Unfreiheit spricht, von der das Zen die Menschen erlösen möchte, bedient er sich eines berühmten Ausdrucks des Avatamsaka-Buddhismus: Die Erkenntnis des Wirklichen ist durch Gefühle blockiert, und die Dinge werden durch Bilder geformt; die Menschen neigen aufgrund dieser Gefühle und Bilder zu Gewohnheiten und binden sich dadurch unwissentlich selbst. Um dieses Problem zu lösen, um also zum spontanen Zen-Erwachen zu gelangen, muß der ruhelose Geist angehalten werden. Von Schule zu Schule zu gehen und nach Lehrern zu suchen «hält dich auf fatale Weise in Atem».

Das höchste Zen-Wissen kann nach Huanglongs Worten nicht gelehrt werden, es ist jenseits aller gewöhnlichen intellektuellen Übungen und Studien. Die äußeren Sinne können die Essenz des Zen nicht erreichen. Das heißt aber nicht, daß man auf dem Zen-Weg alle gewöhnliche Erfahrung meiden oder ablehnen soll, denn «Zen-Sucher sollen inmitten all der heiklen Situationen des Lebens am Ort der universalen Erleuchtung verweilen und ihres Ur-Angesichts inne sein, wenn sie sich der gewöhnlichen Welt widmen». Freiheit in der Welt bedeutet, zu allem bereit sein; wer seiner Weltabgewandtheit verhaftet bleibt und es nicht vermag, das Reich der Leidenschaften zu betreten, ohne Schaden zu nehmen, der kann weder sich selbst noch anderen helfen.

Kaum etwas ist über Meister YANGQI bekannt, obwohl seine Schule berühmt wurde und die Meister, die in seiner Nachfolge standen, großen Einfluß gewannen. Yangqi sagte, daß der Zustand der Welt vom individuellen und kollektiven Bewußtsein und Handeln abhängt, daß diese aber auch andererseits durch die Welt bedingt sind. Solange man in diesem gegenseitigen Bedingungszusammenhang bleibt, ist er ein geschlossener Kreis der Unfreiheit; gewinnt das Bewußtsein jedoch neue Dimensionen und wird fähig, das Denken und Handeln zu transformieren, so wird der Kreislauf gesprengt, und es entsteht ein Feld des gerichteten und fortschreitenden Wirkens.

Wenn wir den Kreislauf wechselseitiger Bedingung sprengen, wird die bannende Kraft der von diesem Kreislauf erzeugten Einbildungen gebrochen, und jetzt kann der Geist zu einer Eigenständigkeit zurückfinden, die ihm ein Fortschreiten ermöglicht. Durch diese Erfahrung wird, wie Yangqi sagte, nichts weiter zerstört als die Illusion; es gibt dann immer noch ein menschliches Empfinden, das einfach der Anlage und Natur der Welt entspricht.

Yangqi sagte auch, daß es für das, was Zen im Grunde ist, keine Lehrer gibt. Wo das Zen erfaßt ist, bedarf es keiner Schule mehr – du gehst einfach deines Weges, unabhängig und ganz. Ist der Geist «offen und klar wie der Raum», so ist die Ur-Intelligenz klar; ist das Bewußtsein «weit und tief wie das Meer», so herrscht in allen Ereignissen Gleichmut. Um das zu erlangen, bedarf es der Geistesgegenwart im Handeln.

Die nächsten vier Meister, die in dieser Sammlung zu Wort kommen – Wuzu, Yuanwu, Foyan und Dahui –, sind hervorragende Vertreter der sogenannten Ostberg-Schule des Zen, die über Yangqi auf den klassischen Meister Linji zurückgeht. Von großem Einfluß auch unter weltlichen Intellektuellen, gehört die Ostberg-Schule zu den besonders reichhaltig dokumentierten Zweigen des Zen.

WUZU kam erst in mittlerem Alter zum Zen und wurde Schüler von Meister Baiyun. Baiyun war einer von Yangqis direkten Nachfolgern; er wurde schon in jungen Jahren Meister und starb früh. Baiyun ließ Wuzu in der Mühle arbeiten, die das Kloster in einem Städtchen am Fuß des Berges, auf dem das Kloster lag, betrieb. Wenn Mönche den Berg herunterkamen und bei der Mühle herumlungerten, so wird erzählt, gab Wuzu ihnen Anlaß zu Entrüstung, indem er mit den jungen Frauen turtelte, die zur Mühle kamen.

Wuzu wurde später für seine in jener Zeit einmalige Geschicklichkeit als Meister berühmt. Was auch immer geeignet schien, den Geist der Menschen aufzuschließen, dessen bediente er sich je nach den Umständen – es mochten anschauliche Geschichten, plastische Metaphern, erdhafte Verse, tiefgründige Abstraktionen und ganz direkte Aussagen, aber auch widersinnig erscheinende Handlungen sein. Die kraftvolle Dynamik der Ostberg-Schule läßt sich zu einem großen Teil auf die überragenden Fähigkeiten Wuzus zurückführen. Er hielt auch nicht mit seiner Kritik an den Zen-Einrichtungen der Gegend hinter dem Berg und beklagte, daß sich Verhaltensweisen einschlichen, die mit den wahren Zielen des Zen und mit echter Zen-Übung unvereinbar seien. Ebenso eindeutig benannte er natürlich auf der anderen Seite die Kriterien für authentisches Zen. Seine Schüler und die späteren Vertreter der Ostberg-Schule folgten ihm darin.

Für den Zen-Meister, sagte Wuzu, ist es vor allem wichtig, dem Suchenden seine Lieblingsvorstellungen zu nehmen, damit er jenes Unnennbare des Zen erreicht, das nicht in herkömmlichen Begriffen zu kategorisieren oder zu definieren ist, das weder von der Vorstellungskraft noch vom Denken erreicht werden kann. Später wurden bestimmte seiner Aussprüche speziell zu diesem Zweck angewendet. Doch auch dieses Unnennbare, so sagte er, darf im reifen Zen nicht zu einem «Nest» werden, und man darf es nicht als persönliche Errungenschaft ansehen. Wie es im Zen-Sprichwort heißt: «Es ist einem General nicht erlaubt, den großen Frieden zu sehen, aber ein General kann den großen Frieden einkehren lassen.»

YUANWU, einer der drei bedeutendsten Schüler Wuzus, ist vor allem als Kompilator eines der klassischen Zen-Texte, der *Niederschrift von der smaragdenen Felswand*, bekannt. Es gibt auch eine umfangreiche Sammlung von Aufzeichnungen seiner Darlegungen, von Versen über Zen-Themen und von Briefen, die Unterweisungen enthalten. Diese Briefe, von späteren Suchern besonders geschätzt, sind unter dem Titel «Die Wesenszüge des Geistes» zusammengefaßt. Aus diesem Text stammen die hier übersetzten Auszüge.

Yuanwu betonte die Zweckmäßigkeit der Zen-Lehren und Zen-Praktiken, die nicht Dogmen oder Riten sein sollen, sondern Mittel, mit denen den Menschen geholfen wird, zum Ursprung des Geistes zu gelangen und von Illusionen frei zu sein. Zen ist in dir, sagte Yuanwu, seine durchdringende Einsicht und tiefe Ruhe sind stets vorhanden. Schau aus nach dem Geist, der nicht mit den Objekten tanzt und nicht an ihnen haftet; mach den Geist klar, vergiß subjektive Meinungen und Gefühle, und du wirst sehen, was gemeint ist mit dem Wort: «Der Geist als solcher ist der Buddha als solcher.»

Ähnlich seinem Lehrer Wuzu übte auch Yuanwu unverhohlen Kritik an den Verfallserscheinungen in der Zen-Schulung. Für viele Gebildete und Intellektuelle, so sagte er, sei das Zen nicht mehr als Liebhaberei oder Konversationsgegenstand. Gerade durch seine hohe Stellung in der chinesischen Kultur wurde das Zen zum Statussymbol, zum Gegenstand des Snobismus, und solch eine Haltung verstärkt natürlich nur Selbstsucht und Verhaftung, anstatt sie aufzulösen. Daher bestand Yuanwu auf den rechten Beweggründen als Voraussetzung für die Zen-Schulung und empfahl besonders die Übung der Todesbetrachtung für die Klärung des Willens. Er sagte auch, daß stille Zurückgezogenheit keineswegs notwendig ist für die Zen-Schulung – sei innerlich leer und bring dich in Einklang mit deiner Umwelt, dann wirst du in aller Geschäftigkeit der Welt in Frieden sein.

Die Veränderungen in der Zen-Methode, die wahrhaft klarblickende und freie Meister im Laufe der Zeit vornahmen, bezeichnet Yuanwu als notwendig, um zu verhindern, daß die Menschen sich an die äußere Gestalt der Lehre klammern und sie zu feststehenden Prinzipien umdeuten. «Alle diese Lehren sind geschickte Mittel – nur dazu da, die Verhaftungen, Zweifel, verstandesmäßigen Deutungen und ichhaften Vorstellungen zu durchschlagen.» Das hat nichts mit jenen ritualistischen Sektenkulten zu tun, die sich in späteren Zeiten für Zen ausgaben.

Echtes Zen bedarf nach Yuanwus Worten keiner Unterstützung durch die Gesellschaft und muß nicht eigens vor äußerem Druck beschützt werden. Er beschrieb, was im Zen Täuschung und was wirkliche Gegebenheit ist und zeigte auf, wie man Irrtümer umgeht und das wirklich Gegebene sinnvoll nutzt. In diesem Zusammenhang äußerte er sich über Themen wie das lebendige und das tote Zen-Wort, die Unfruchtbarkeit von Glaubensbekenntnissen, Dogmen und Sprüchen, die Bedeutung der Angemessenheit und Ausgewogenheit der angewendeten Techniken.

Einen Grundaspekt dieser Ausgewogenheit formuliert Yuanwu in Begriffen, die auch im Taoismus bekannt sind: «Wenn ihr die unmittelbare Erfahrung des Zen wünscht, so sucht sie vor allem nicht. Was durch Suchen erlangt wird, ist schon durch das Denken verunreinigt... Erst wenn du den Umtrieben deines Denkens Einhalt gebietest, ... brichst du durch zur Freiheit.» Zu diesem Suchen im Äußeren zitiert er auch den alten Meister Dazhu: «Alles kommt aus deinem eigenen Herzen. Das ist es, was einer der Alten das Heben des Familienschatzes nannte.»

Was nun die Methode angeht, so lehrte Yuanwu die Menschen, ihre Gedanken zur Ruhe zu bringen, und fügte hinzu: «Es ist gut, die Dinge in aller äußeren Unruhe recht zu tun.» Er riet ihnen, abzulassen von allen «Einbildungen, Meinungen, Deutungen und weltlichen Erkenntnissen, von Verstandesdünkel, Selbstsucht und Überlegenheitsstreben», damit der Geist «rein und bloß» werde und sich dem Zen öffnen könne. Danach jedoch komme es darauf an, Beständigkeit zu entwickeln. Für beide Phasen aber sei der Wille entscheidend: Das Herz läutern und diese Lauterkeit bewahren erfordert außergewöhnliche Entschlossenheit, denn man muß stets im Gewahrsein des inneren und äußeren Geschehens bleiben. Er schrieb: «Nur wer das Grundsätzliche erlangt hat, vermag im Innern leer und mit dem Äußeren in Übereinstimmung zu sein.»

Das Auflösen von Verhaftungen und die Ruhigstellung des Denkens sind Mittel, nicht Ziele des Zen. Wenn wir einfach vollziehen, was Zen ist, «dann gibt es keine weltlichen Dinge außerhalb des Buddhismus und keinen Buddhismus außerhalb der weltlichen Dinge». Wenn die wahre Wirklichkeit geschaut wird, «ziehst du mit jedem Gedanken unendlich viele Meister zu Rate».

Selbst tiefe Meditation ist im Zen nur ein Werkzeug – um wieviel mehr die Worte! Sie sind unendlich wertvoll als Mittel, die die Wahrnehmung klären, doch sobald man sie zu Götzen macht, verlieren sie ihre befreiende Kraft. Hat man erst klar erkannt, daß die Lehren der Erleuchteten in einem selbst sind, so werden sie «wie Spiegelungen und Echos, und du staffierst dich nicht damit aus». Stets warnte Yuanwu die Menschen vor allerlei Modeerscheinungen und Kulten im Zen, die zwar eine gewisse emotionale Befriedigung gewähren, aber nichts zum wahren Erwachen beitragen.

Yuanwu erwähnt eine weitere Entgleisung, die in der Zen-Literatur häufig erörtert wird, nämlich die

Beurteilung etwa von Schriften anhand des gewöhnlichen Empfindens und Denkens. Eigentlich sind diese Schriften Präzisionsinstrumente, die das Maß der Dinge bestimmen und Orientierungshilfe bieten. Sie sind dazu da, falsches oder unvollständiges Denken aufzuzeigen, aber ob sie diese Wirkung tatsächlich haben, hängt von verschiedenen Faktoren ab, vor allem von der Grundeinstellung des einzelnen. Deshalb wird im Zen immer wieder dazu ermahnt, Einseitigkeiten und Schwächen des eigenen Bewußtseins zu erkennen und ihnen etwas entgegenzusetzen, damit sie überwunden werden können und künftig nicht mehr auftreten.

Wahre Unabhängigkeit bedeutet nach Yuanwus Worten, daß weder Geist noch Nicht-Geist einen Eindruck auf der Seele hinterlassen. Dann können selbst beunruhigende Ereignisse das Denken nicht beeinträchtigen, man bleibt innerlich gelassen und äußerlich anpassungsfähig. Den Zen-Meister beschreibt Yuanwu als einen Menschen, der barmherzig, taktvoll, unvoreingenommen und unaufdringlich ist und mit niemandem wetteifert. Opposition durch übelwollende Menschen, so fügt er hinzu, sollte keine persönlichen Gefühle auslösen – getreu der alten taoistischen Lehre, daß niemand mit einem streiten kann, der sich nicht auf den Streit einläßt. Wahrt man diese Haltung, so «verschwinden böswillige Störenfriede irgendwann von selbst».

Yuanwu machte den Suchenden auch darauf aufmerksam, daß Zeit und Übung erforderlich sind, um die Ziele des Zen zu erreichen, und daß in der Zwischenzeit alle möglichen falschen Lehrer versuchen können, den noch unsicher tastenden Zen-Schüler zu belehren. Zu erkennen sind spirituelle Scharlatane vor allem daran, daß sie nicht nur selbst «allerlei abwegige Possen treiben», sondern auch andere dazu verleiten wollen. Solchen Menschen ist die wahre Zen-Lehre ein Greuel.

Zu den Mitteln, die von echten Zen-Meistern angewandt werden, sagte Yuanwu, sie seien nur dazu da, daß die Leute «auf sie anbeißen»: Ihre Grundhaltung und Grundverwirrung soll hervortreten, so daß sie davon befreit werden können. Wenn man glaubt, diese Mittel repräsentierten Überzeugungen der Meister, so macht man sie schnell zu Gegenständen des Glaubens und zu feststehenden Lehrsprüchen einer Schule, und das führt zu unfruchtbaren, wenn nicht gar völlig absurden Auslegungen der Zen-Lehre.

Yuanwu ist einer jener großen Zen-Meister, die von den Historikern mit einer Wende im Gebrauch von Zen-Geschichten für die Schulung in Verbindung gebracht werden. Er sagte, es sei ein schwerer Fehler, sich nach einer Erleuchtungserfahrung nicht intensiv mit den Worten der Alten auseinanderzusetzen und die klärende Kraft dieser Worte nicht zu nutzen, obwohl es andererseits nicht für jeden notwendig sei, diesen Weg zu beschreiten: «Laß nur von dem Augenblick an, da du dich morgens erhebst, die rechte Aufmerksamkeit walten und deinen Geist still sein; und was du auch sagst oder tust, betrachte es sorgsam und sieh zu, woher es kommt und was es ist, das all dies geschehen läßt.»

Das Beobachten des Geistes kann allerdings unproduktiv und verwirrend werden, wenn noch Verhaftungen bestehen, die keine Objektivität zulassen. Yuanwu betonte, daß es, um Freiheit zu finden, nicht notwendig ist, das Handeln in der Welt aufzugeben. Den Geist still zu machen ist nur ein Mittel, kein Ziel in sich selbst, und es kann den subjektiven Eindruck der Leere erwecken, ohne jedoch wirklich die Leere zu sein, die im Buddhismus die höchste Wahrheit ist. Die echte Leere oder Offenheit ist lebendig und kann nicht festgelegt werden, sie ist weder im Sein noch im Nichtsein und kann nicht Gegenstand der Zurückweisung oder Verhaftung sein. Schließlich, so schreibt Yuanwu, «kannst du diesem wahren, reinen, nicht zu beschreibenden Geist vertrauen, und wenn weltliche Dinge Zuwendung heischen, wirst du bemerken, daß er ihnen nicht folgt».

Neben Yuanwu war auch Meister FOYAN einer der sogenannten Drei Buddhas der frühen Ostberg-Schule unter Führung des großen Wuzu. Es existieren sehr umfangreiche Aufzeichnungen seiner Darlegungen, darunter auch eine der größten Sammlungen von direkten Unterweisungen in der gesamten Zen-Literatur. Die hier vorgelegten Übersetzungen sind diesen direkten Unterweisungen entnommen.

Foyan lehrte die Menschen, sich vom Denken zu lösen, eine Übung, die nicht das Anhalten des Geistes verlangt, aber dem gleichen Zweck dient. Er sagte: «Wir lehren dich nicht, aufsteigende Gedanken auszulöschen, Körper und Geist zu unterdrükken, die Augen zu schließen und das für Zen zu halten.» Damit betonte er die Notwendigkeit dessen, was er «Kräfte sparen» nannte – mühelos die ungebrochene Ganzheit des ursprünglichen Geistes bewahren. Er sprach auch von der Bedeutung der Unabhängigkeit und Selbstbeobachtung, denn, so sagte er, subjektive Gefühle oder subjektive Interpretationen der objektiven Welt sind nicht diese reale, objektive Welt.

Foyan spricht sehr einfach und direkt über die verschiedensten praktischen Dinge, und gerade weil diese Aussagen leicht zu verstehen sind, wird an ihnen die eigentliche Schwierigkeit des Zen deutlich. «Bevor du das Zen erlangen kannst, mußt zu lernen, dich selbst zu befragen», sagte er und schilderte, auf welche Weisen man dabei vorgehen kann. Menschen, die noch keinen klaren Blick besitzen, empfiehlt er, sich nicht überall nach Gurus umzuschauen, sondern erst einmal zu ergründen, wo ihre Verwirrung begann. Wie andere Zen-Meister sagt er: «Den Ursprung des Geistes erreichen – nur darauf kommt es an.»

Die im Zen angestrebte Befreiung, realisiert durch dieses Ankommen beim Ursprung des Geistes, ist nicht nur die Befreiung von unnötigen Beschränkungen und Leiden, sondern auch ein Freisetzen von Kräften, die der Wirklichkcit innewohnen. Dies ist ein sehr wichtiger Punkt im Zusammenhang mit Foyans häufig wiederholter Warnung vor der Anschauung, im Zen gehe es um Unterdrückung von Geist und Körper. Die Zen-Meister vermeiden es für gewöhnlich, über die latenten höheren Kräfte des menschlichen Geistes zu sprechen (wenngleich sie in bestimmten buddhistischen Texten ausführlich erörtert werden), und sie vermeiden vor allem jedes Zurschaustellen solcher Kräfte. Bei dieser Zurückhaltung geht es darum, daß niemand dazu verleitet werden soll, sich aufgrund persönlicher Ambitionen dem Zen-Weg zuzuwenden; allerdings hat diese Zurückhaltung auch zu einer falschen Gleichsetzung der Zen-Natürlichkeit mit der gesellschaftlich definierten Normalität geführt: Während «Natürlichkeit» im Zen den von allen Beschränkungen freien Geist meint, ist ein Gesellschaftssystem von Natur aus beschränkt und nicht in der Lage, durch seine Normen die Entwicklung des Geistes über die Grenzen des Systems hinaus zu fördern.

Foyans Darlegungen erwiesen sich für spätere Sucher als so wertvoll, daß man sie in einem Buch sammelte, und dieses Buch zählt zu den drei «Unvergleichlichen» der Zen-Literatur. Ein weiteres dieser Unvergleichlichen ist die berühmte Sammlung der Briefe Dahuis, eines Nachfolgers von Yuanwu. DAHUI war ein Meister von so außerordentlicher Kraft, daß man ihn manchmal als Wiederverkörperung Linjis, des wegen seiner Strenge gefürchteten Ahnen der Ostberg-Schule, bezeichnete. Die Übersetzungen, die sich im vorliegenden Band an Foyans Worte anschließen, stammen aus Dahuis Briefen.

Dahui war vor allem dafür bekannt, daß er das Zen in einfachen Worten darlegen konnte, daß er ein untrügliches Gespür dafür besaß, wie bei einem

Menschen das Zen-Erwachen auszulösen sei, und daß er seltene und ungewöhnliche Zen-Zeugnisse sammelte. Als er noch im Kreise seines Meisters Yuanwu lebte, bekam er die Aufgabe, sich mit ratsuchenden Laien zu befassen, und auch als Zen-Meister führte er später umfangreiche Korrespondenzen mit Laien.

Dahui griff gern auf das *Avatamsaka-Sūtra* zurück und auf die Meditation, die «ozeanische Betrachtung» genannt wird (das Sūtra soll aus dieser Meditation hervorgegangen sein). Buddhaschaft ist seinen Worten zufolge nichts äußerlich Wahrnehmbares, sondern ein inneres Wissen. Dahui sagte, es komme in der Zen-Schulung nicht auf äußere Formen von Religion oder Spiritualität an, sondern auf ein Gewahrsein, das wie das Gewahrsein des schieren Raums ist: den Buddha überall und in allem sehen. Was zählt, ist Wachheit; erforsche dich selbst, hüte dich vor Ablenkung und Voreingenommenheit. Ergründe den Ursprung des Geistes, und wenn es notwendig wird, die Dinge zu ändern, so ändere sie durch Wandlung des Geistes. Unvoreingenommenheit ist für Dahui der eigentliche Sinn dessen, was man im Zen Nicht-Bewußtsein nennt, und dieser Teil seiner Lehre wurde wörtlich in ein Handbuch für den Staatsdienst und das politische Handwerk aufgenommen.

Wie Foyan und andere sagte auch Dahui, man solle für die Zen-Schulung nicht der Welt den Rükken kehren. Er merkte auch an, daß viele sich nur ernsthaft schulen, solange sie in Schwierigkeiten sind, aber gleich allen Eifer verlieren, wenn sie in der

Welt Erfolg haben. Für die Erleuchtung muß man nicht Familie und Freunde verlassen, den Beruf aufgeben und Vegetarier, Asket oder Eremit werden. Eben jene Menschen, die sich äußerlich von der Gesellschaft abwenden, innerlich aber dem alten Empfinden verhaftet bleiben, machen aus Zen-Gemeinschaften Familien, Gesellschaften und berufliche Betätigungsfelder, die sich zwar äußerlich und in der Ideologie von den weltlichen Entsprechungen unterscheiden mögen, aber ebenso wie diese auf einer ganz und gar weltlichen Denkungsart beruhen.

Dahui sagte, daß unerleuchtete Lehrer, Karrieristen in der monastischen Gesellschaft, die Menschen einfach nur zu ihresgleichen machen, aber nichts für die Erleuchtung Wesentliches zu vermitteln haben. In dieser Weise verkam das Zen in der Song-Zeit rapide zu einem weltlichen Abklatsch, und dies rief Dahui und andere mit ihrer schneidenden Kritik auf den Plan. Die wahrhaft Wissenden durchschauen, daß sogenannte Zen-Meister und Zen-Schulen mitunter nichts als die Ausgeburten von Möchtegernen sind, die nur das ihnen Genehme akzeptieren und zum Heiligtum erheben. Solche Leute, die sich selbst und andere blenden, erkennt man allerdings daran, daß sie einen wahrhaft Sehenden für gewöhnlich nicht erkennen – und wenn sie ihn doch erkennen, nützt es ihnen nichts, denn sie suchen nur Zustimmung und Anerkennung, aber nicht das echte Begreifen.

Meister Hongzhi, ein großer Zeitgenosse Dahuis, war einer der letzten Vertreter dieser Linie des

Zen, und manche sagen, er habe der Ausdruckskraft der Zen-Literatur in der Song-Zeit die letzte Vollendung gegeben. Im Anschluß an Dahuis Briefe legen wir hier Übersetzungen einiger seiner Zen-Unterweisungen vor.

Hongzhis Beiträge zur Zen-Literatur sind in jeder Weise außergewöhnlich. Seine Versdichtungen können zu den größten Werken dieser Gattung gezählt werden, und selbst seine Prosa ist von einer poetischen Dichte, die ihresgleichen sucht. Er kompilierte zwei berühmte Sammlungen von jeweils einhundert Zen-Geschichten, die eine in Versen, die andere in Prosa abgefaßt und mit eigenen Kommentaren versehen. Daneben gibt es noch eine ansehnliche Sammlung seiner Darlegungen, Aussprüche, Gedichte und Schriften. Übersetzt ist hier eine Auswahl aus seinen Unterweisungen, die in einer Sprache von einmaliger Anmut und Schönheit abgefaßt sind und der kühlen Präzision, wie wir sie von Yuanwu, Foyan und Dahui kennen, ein künstlerisches Element zur Seite stellen.

Mit seinen Worten über die Freiheit des Geistes bekräftigte Hongzhi, daß der Geist ursprünglich nicht an den Dingen haftet. Um diesen Grundsatz praktisch umzusetzen, lehrte er «die stille Übung des inneren Schauens». Auch er formulierte auf seine Weise die uralte Zen-Einsicht, daß die Wirklichkeit auf keine Weise zu erklären ist, sondern jeder sie selbst erfahren muß. Er beschrieb auch den Weg zu dieser Erfahrung: «Spüle einfach den Staub und Schmutz des vom Ich beherrschten Denkens augenblicklich fort.» Wem das gelingt, der kommt zu einer mühelosen Art der Zen-Übung, einem spontanen, allumfassenden Gewahrsein.

Das erleuchtete Leben, so schreibt Hongzhi, ist natürlich und spontan und doch geordnet und ohne Willkür. Er nennt Übungen, die die Willkür auslöschen und dem Geist die richtige Gestimmtheit geben, die er dann auch beibehalten kann, wenn er sich mit der gewöhnlichen Welt beschäftigt. Wenn das stille Sitzen nicht zu Gelassenheit inmitten von allem Trubel führt, so läßt das, wie Hongzhi sagt, darauf schließen, daß es schon in der angeblichen Stille nicht weit her ist mit der Gelassenheit; an manchen Schülern bemängelte Hongzhi auch, daß sie zu ausgiebig die Meditation im Sitzen übten und die Fähigkeit, sich einzugliedern, verlören.

Den Übersetzungen aus Hongzhis Werk folgen Auszüge aus den Unterweisungen eines anderen berühmten Meisters der Ostberg-Schule, Meister YING-AN. Ying-an wurde ein Schüler Yuanwus, nachdem ihm unter einem anderen Meister eine erste Erleuchtungserfahrung zuteil geworden war. Später wurde Ying-an auf Yuanwus Empfehlung Schüler von Meister Huqiu, der ein Nachfolger Yuanwus und unter dem Namen «Der schlafende Tiger» bekannt war. Huqiu bestätigte Ying-an schließlich als Zen-Meister und erteilte ihm die Lehrbefugnis.

Ying-an ging es vor allem um die Unabhängigkeit von all den wirtschaftlichen, gesellschaftlichen und geistigen Zwängen, unter denen die Menschheit zu leiden hat, denn «wenn du durchbrichst, kann niemand dich mehr festnageln und niemand dich zurückrufen». Ein wirklich klarer Blick ist die Essenz des Zen, sagte er, und ein echter Zen-Schüler hat nichts, woran er sich festhalten kann, keinen feststehenden Glauben, keine Religion.

Ying-an nennt etliche Degenerationsformen des Zen, auch solche, die aus dem Haften an flüchtigen Einsichten oder an einer nach eigener begrenzter Sicht fabrizierten Vorstellung von Zen entstehen. Er beschrieb auch die vielen Gesichter des Quietismus und Nihilismus, die sich manchmal als Zen ausgeben. Eine Art des falschen Zen wird nach Ying-ans Worten von Menschen vertreten, deren Geist von falschen Lehrern so vergiftet wurde, daß sie nun selber Zen-Meister zu sein glauben. Dann gibt es noch das falsche Zen der Mitläufer, die allerlei Zen-Kauderwelsch einstudieren und dann überall als echte Zen-Leute aufzutreten versuchen. Um von solchem Wahn geheilt zu werden, kann es nötig sein, die bewußte spirituelle Schulung überhaupt aufzugeben.

Ein bekanntes taoistisches Sprichwort lautet: «Eine Reise von tausend Meilen beginnt mit dem ersten Schritt.» Der erste Schritt aber muß nach Ying-ans Worten der richtige sein und in die richtige Richtung gesetzt werden, wenn er zum angestrebten Ziel hinführen soll. Deshalb hinterließen die alten Zen-Meister so viele Wegweisungen oder zumindest Hinweise darauf, wo solche zu finden seien.

Ying-an merkt auch an, daß allzu begieriges Lernen häufig zu einem großen Hindernis für echte Zen-Wahrnehmung wird. Eine der Schwächen solch eines Ansatzes besteht wohl darin, daß er die

Neigung vergrößert, den «ersten Schritt einer Reise von tausend Meilen» wahllos zu tun. Nähere dich dem Zen nicht mit vorgefaßten Anschauungen, mahnt Ying-an, aber denk auch nicht, es gebe kein Zen-Begreifen. Es bedarf der Übung, doch der Sinn der Übung besteht schließlich darin, zu Natürlichkeit und Spontaneität zu finden.

Viele Zen-Meister haben immer wieder festgestellt, daß Maßnahmen, die ursprünglich einem bestimmten Zweck dienten, nach einiger Zeit zweckentfremdet oder gar zum Selbstzweck gemacht werden. Praktisch alle benennbaren Zen-Methoden haben solche Umwandlungen erfahren – genauso wie die Methoden des herkömmlichen Bildungs- und Erziehungssystems. Dies ist ein Grund für den periodischen Wechsel der Taktik.

«Zen ist nicht durch Vorträge, Debatten und Erörterungen zu erlangen», sagt Ying-an, und er meint hier zweifellos die ritualisierten und formalisierten Überreste dessen, was einst lebendiger Zen-Dialog gewesen war. Wer allerdings in der Lage ist, es den alten Meistern nachzutun, dem sagt Ying-an: Du wirst «irgendwann plötzlich das Licht deines Geistes umwenden und alle Täuschungen durchschauend das wahre Selbst erblicken».

Intellektualisiertes und dadurch leblos gewordenes Zen gab es im China der Song-Dynastie offenbar reichlich, und es haben sich wohl gerade die Formen durchgesetzt und verfestigt, die Ying-an so entschieden ablehnte. Ying-an wußte, wohin das führt, und er ließ es jeden wissen: Wenn du «auf Verstandeserkenntnis aus bist und dies für das Wunder der Selbstverwirklichung hältst, werden dein Schüttelfrost und dein Fieber vom Wind der Verstandeserkenntnis geschürt; deine Nase wird stets verstopft, dein Kopf stets vernebelt sein».

Viele der Fallschlingen und Sackgassen, die Ying-an benennt, sind im Zusammenhang mit zwei gegensätzlichen und gleichermaßen extremen Grundhaltungen gegenüber dem Zen zu sehen: reiner Intellektualismus und reiner Anti-Intellektualismus. Beide Formen herrschen da vor, wo die Haltung gegenüber dem Zen von bestimmten Interessen geprägt ist, seien sie akademischer, literarischer, künstlerischer oder klerikaler Natur, und im Grunde ist auch der Anti-Intellektualismus ein bloßes Gedankengebilde: Aus der Tatsache, daß dem Intellekt im Zen keine Bedeutung für das Durchbrechen zur wahren Wirklichkeit zukommt, wird geschlossen, Zen sei anti-intellektuell.

Wer sich zum Zen hingezogen fühlt, dem rät Ying-an, sich nicht mit der Absicht, etwas erringen zu wollen – sei es Größe oder Erfolg oder Anerkennung –, auf den Weg zu begeben. All das ist eitel und hat nichts mit echtem Verlangen nach Erleuchtung zu tun, sondern blockiert nur den Zen-Weg.

Im Zen galt schon immer, daß die Erleuchtung jenseits aller Worte ist, und wir wissen von vielen Meistern, daß sie auch nichtsprachliche Mittel anwendeten, um einem Schüler im entscheidenden Augenblick den richtigen Anstoß zu geben. Wir hören in den alten Aufzeichnungen beispielsweise von plötzlichen Stockschlägen oder Schreien. Was aber als das geschickte Mittel eines echten Meisters höchst wirkungsvoll sein kann, wird in der bloßen Nachahmung sinn- und wirkungslos – ein leeres Ritual, das von nichts weiter als Anmaßung kündet. Hiervon ist in der Zen-Literatur vielfach die Rede.

Stock und Schrei wurden im allgemeinen Bewußtsein so etwas wie *der* Ausdruck des Zen, doch Ying-an ist hier ganz anderer Auffassung. Gib dich nicht mit Doktrinen, literarischen Ausdrücken oder Pantomime ab, mahnt er, sondern wahre «eine Verfassung, in der nicht eine einzige Minute des Tages vergeudet» wird, «bis nirgends mehr ein Halt, nirgends mehr ein Ankerplatz ist».

Er fährt fort: «Dann laß los und mach dich leer und still, klar und gelassen, bis alte Deutungen und Erklärungen, falsche Erkenntnisse und Wahrnehmungen nicht mehr in deinen Geist gelangen und ihn nicht mehr beeinflussen können.» Ein starker Wille ist dazu erforderlich: Den Zen-Geist zu sehen, ist zwar «sehr leicht», aber es erfordert trotzdem die Aufbietung aller Kraft.

Den Worten Ying-ans folgen hier Auszüge aus den Darlegungen, die sein Nachfolger MI-AN gab. Für ihn geht es darum, «vollkommen lebendig und frei» zu sein, denn nur so kann man in der Welt sein, ohne sich an sie zu verlieren. Diese Möglichkeit sei jedem gegeben, doch viele von denen, die sie zu verwirklichen suchten, würden von falschen Lehrern irregeführt. Und wer die Schulung in dem Wunsch nach Anerkennung begönne, der unterliege solchen Täuschungen nur um so leichter.

Mi-an nennt eine Reihe typischer Schwierigkeiten, die trotz intensiver Schulung die Erleuchtung verhindern können, und nicht nur Anfängern begegnen solche Probleme, sondern auch Menschen, die bereits über einige Zen-Erfahrung verfügen. Dort jedoch, wo das Zen verwirklicht wird, «sind die Wahrheiten des Buddhismus und die Dinge der Welt eins geworden – wo wäre da ein äußeres Ding, das ein Hindernis darstellte?»

Der nächste Meister, dessen Zen-Unterweisungen hier in Auszügen übersetzt sind, ist XIATANG, ebenfalls einer der bekannteren Schüler Yuanwus. Xiatang erläutert das nichtdiskursive Erkennen, das im Zen eine so grundlegende Rolle spielt. Das Gewahrsein in diesem Erkennen ist seiner Natur nach nichtdiskursiv; es wird nicht durch Unterdrückung des Verstandes erlangt, sondern durch eine Aufmerksamkeit, die von ganz anderer Art ist als die der Sinne. Xiantang deutet auch an, daß der Ursprung des Gewahrseins jene geistige Unsterblichkeit ist, die in den höheren Formen des Taoismus angestrebt wird.

Er läßt jedoch keinen Zweifel daran, daß die Erfahrung des nichtdiskursiven Erkennens noch nicht bedeutet, daß man es auch schon anwenden kann. Führt ein erster flüchtiger Einblick zu «Besessenheit», so wird die Krankheit der spirituellen Verhaftung daraus, die Xiatang hier mit der Metapher des Goldstaubs im Auge umschreibt. Anhand von Zitaten alter Meister verdeutlicht er, wie diese Schwierigkeit zu umgehen ist.

Wie so viele andere Meister betont Xiatang die Notwendigkeit, Gewohnheiten und Konditionierungen zu durchbrechen und sich des Handelns und seiner Folgen voll bewußt zu sein. Das Reich jenseits der Tyrannei äußerer Einflüsse wird manchmal «Leere» genannt, und gemeint ist damit, daß die Wirklichkeit gesehen wird, wie sie ist, unabhängig von allen Vorstellungen und Projektionen des Geistes.

Viele Meister der Song-Zeit wiesen mit großem Nachdruck auf die Einstellungs- und Verhaltensprobleme hin, die aus unvollständiger Realisation der Leere erwachsen. Ein späterer Meister erklärte, das Stadium des «nicht gut, nicht böse» bedeute nicht, daß böse gut sei oder daß man schlecht handeln könne, ohne die Folgen tragen zu müssen. Es bedeute aber, daß man weder von Gut noch von Böse berührt wird. Der klassischen Zen-Lehre zufolge ist man erst dann in der Lage, ohne alle Voreingenommenheit wirkliches Gut und Böse von mutmaßlichem Gut und Böse zu unterscheiden.

Der letzte Zen-Meister, dessen Unterweisungen wir hier in Auszügen vorlegen, ist YUANSOU, einer der berühmtesten Meister des vierzehnten Jahrhunderts. In dieser Zeit wurde China von mongolischen Usurpatoren regiert, die im allgemeinen mehr dem tibetischen als dem chinesischen Buddhismus zuneigten. Kubilai Khan (der Enkel des berüchtigten Jenghiz Khan), der die Herrschaft der Mongolen auf das gesamte kontinentale China ausdehnte, interessierte sich eine Zeitlang für den Zen-Buddhismus, doch haben sich offenbar nur wenige Mongolen im Zen geschult. Es gab jedoch auch einige wenige mongolische Zen-Meister, und einer von ihnen war ein Schüler Yuansous.

Yuansou war ein Nachfolger der vierten Generation in der Linie Dahuis, aber er schulte sich auch unter einem der letzten Meister der Linie Hongzhis. Er soll paranormale Fähigkeiten besessen und auch gezeigt haben und in den vielen Jahren seines Wirkens als Lehrer Tausende von Schülern angezogen haben. Im späten vierzehnten Jahrhundert soll bei den inneren Wirren im Zusammenhang mit dem Niedergang der mongolischen Yuan-Dynastie viel von den Aufzeichnungen seiner Lehren verlorengegangen sein, aber es blieben auch etliche Schriften erhalten, unter anderem eine Anzahl aufschlußreicher Briefe, aus denen die hier vorgelegte Auswahl stammt.

Indem Yuansou die Essenz der Zen-Meditation darlegt, zeigt er auf, daß verschiedene Ausdrücke, wie sie im Laufe der Zeit verwendet wurden, immer auf dasselbe verweisen. Buddhistische Lehren sind nicht feststehende Doktrinen, sondern geschickte Mittel und daher von so unerschöpflicher Vielfalt. Es gibt verschiedene Zugangswege zur Zen-Verwirklichung, und es ist nicht möglich, einen bestimmten herauszugreifen und zu sagen, gerade er berge das Ziel in sich.

Yuansou bekräftigt, daß die Zen-Erfahrung überall und doch nicht zu ergreifen ist; je mehr man sie zu ergreifen versucht, desto mehr entzieht sie sich. Wenn du das Zen festnageln möchtest, nagelt es dich fest, und du läßt dich «von blinden Lehrern dazu verführen, Buddha, Dharma, Zen, Tao, Rätsel, Wunder, Vorgänge und Zustände zu vergegenständlichen. Dies klebt dir die Zunge fest, nagelt dir die Augen zu und schnürt dir das Herz ein.»

Yuansou nennt auch die Gründe für die Methode der geschickten Mittel: «Die verschiedenen Lehren und Methoden der Buddhas und Zen-Meister wurden nur dazu dargelegt, daß ihr – ein jeder für sich – in euch selbst zurücktreten und euren eigenen ursprünglichen Geist, eure eigene ursprüngliche Natur erfassen könnt und einen Zustand der großen Ruhe, des großen Friedens und des großen Glücks erreicht.»

Wie im gewöhnlichen Leben werden angesammelte schlechte Gewohnheiten auch auf dem Weg zum Hindernis, vor allem dann, wenn es um die feineren Zen-Wahrnehmungen geht, die man sich nicht zurechtlegen kann, mag die Absicht auch noch so gut sein. Außerdem, so fügt Yuansou hinzu, kann es auch sein, daß gute Absichten nur die darunterliegenden schlechten Gewohnheiten kaschieren. So jedenfalls ist es bei Menschen, die es nicht wirklich ernst meinen mit dem spirituellen Weg und deshalb außen suchen, was nur innen zu finden ist: «Wenn du nicht an dich selbst glauben magst, nimmst du dein Bündel auf und läufst umher zu anderer Leute Häuser, um das Zen zu suchen, das Tao zu suchen, Mysterien zu suchen, Wunder zu suchen, Buddhas zu suchen, Zen-Meister zu suchen, Lehrer zu suchen. Du glaubst, es sei die Suche nach dem Höchsten, und du machst es zu deiner Religion, doch es ist, als liefest du blind nach Osten, um etwas zu bekommen, was im Westen ist. Je mehr du läufst, desto weiter entfernst du dich, und je mehr du dich eilst, desto später bist du dran.»

Yuansou spricht auch von der Geradlinigkeit und

Schlichtheit des Zen-Geistes – frei von der Last verwirrter und verblendeter Gedanken und Ideen. Der Zen-Geist ist unpersönlich und nicht Besitz irgendeiner Kultur oder eines Systems. Subjektives Unterscheiden, das Ergreifen und Zurückweisen, raubt den Menschen ihre Unabhängigkeit und läßt sie dem hypnotischen Einfluß der «Dinge» anheimfallen. So geht es ihm also, wie allen klassischen Zen-Meistern, in allem, was er sagt und tut, um Befreiung – die Freiheit zu sehen, die Freiheit zu sein, die Freiheit, bewußt zu leben.